高橋 慶行

TAKAHASHI YOSHIYUKI

定額インデックスと年1回トレードで

年間利益 200万円を稼ぐ！

【新NISA完全対応】

9割ほったらかし「超」積立投資

KADOKAWA

マスター！
もう1杯バーボン！
新谷仁衣沙（あらたに・にいさ）
会社員／29歳
日本の先行きと老後に不安を抱くアラサー。
貯金の半分をＦＸで失う。
新谷さん、少し飲み過ぎ…
あそこは上がるところだろ～！普通はよ～！
またＦＸですか…
ピクッ
ドンッ
マスターは不安じゃないんですか!?

年金制度の崩壊！
上がらない給料！
ゲッ…
高騰し続ける物価！
物価
チョコ●イだってこんなに小さくなってるんですよ！
一体
どこから…？
今から老後が心配なんですよ～…
結局、我々みたいな人間は粛々と働くしかないんですよね…
なるほど…
す…

聞かせてもらいました!
ドーン
私は累計15万人が学んだ「投資の学校」を運営している
高橋慶行と申します!
だれ!?
高橋慶行(たかはし・よしゆき)
投資家・トレーダー
悩める投資家を救うべく延べ15万人が学んだ「投資の学校」を運営
もしよければ、政府主導で進めている投資「新NISA」をレクチャーしてあげましょう!
なんか胡散臭い…
いや私お金ないんで…
100円あれば始められます!
100円!?いやでも私FXで失敗してるし…
サルでもできます!
そ、それなら…

お願いします！
私、やってみたいです！
にっ
それではまずは基本のキから行きますよ！
しっかりついてきてくださいね！
おー！

プロローグ 1

老後2000万円問題も怖くない！ 新NISAがお金の不安を解決する

老後だけで2000万円？ 「人生の3大支出」

人生の3大支出と呼ばれているのが、「住宅費」「教育費」「老後生活費」の3種類です。

2019年に金融庁は「市場ワーキング・グループ」の報告書で、老後20年で約1300万円、**老後30年で約2000万円の資金が必要であるという試算を示しました。これが、通称「老後2000万円問題」**です。

しかし、人生には老後費用以外にも、さまざまなお金が掛かります。

住宅の購入費は地域によって差がありますが、首都圏でマイホームを購入する場合、目安として4000万円以上のお金が必要になります。

子どもがいる場合は教育資金も発生します。これも国公立や私立で差はありますが、小学校から大学まで進学すると考え、さらに塾などの習い事などを含めると、数千万円の資金が必要になると言われています。

貯金だけでは十分な資産形成は難しい

しかし、普通に企業に勤めて真面目に仕事

をして貯金・節約するだけでは、十分な金額の資産をつくることは難しいです。そこで求められるのが**「投資」によって、資産を増やしていくこと**です。

「むずかしそう」「損をしそう」「騙されそう」「何となく怖い」——。投資にそのようなネガティブな印象を持つ人も少なくありません。

確かに、投資で損失する人はいます。投資は基本的には全ての判断を本人に委ねられていますし、自己資金を上回る取引をすれば、大きなリスクを背負うことになります。

しかし、その一方で、**リスクの低い投資方法でも、時間を味方につければ、資産を2倍、3倍と増やしていくことも可能**です。

だからこそ、投資には勉強が必要なのです。

新NISAなら投資利益が非課税

投資をしよう、投資を学ぼうとすることは、自分のためでもありますし、自分の大切な人のためでもあります。自分に必要なお金は自分でつくっていくという早期の決断が今、日本人に求められてます。

その点、**利益が非課税になる「新NISA」という制度は、投資で人生を豊かにするための最高の相棒になります。**

私たちは、常にお金の心配と隣り合わせに生きています。老後の不安、雇用条件の悪化、転職、退職、離婚や病気、予期せぬ事故など、その悩みは尽きません。

「新NISA」は、そんなみなさんが抱えるお金の不安を解消してくれることでしょう。

プロローグ 2

貯金だけでは逃げ切れない だから、投資をするしかない

物価上昇に追いつかない賃金

「本当はリスクを取って、投資などしたくはない」と思われる方もいるかもしれません。

しかし、これからの時代、お金と向き合わずに先延ばしにしていると、将来的にお金が足りなくなる可能性があるという事実を理解しておく必要があります。

お金が不足すれば、本来はゆとりある生活をしたい老後でも働き続けなければなりません。

最近のニュースでも物価上昇(インフレ)が取り上げられることが増えました。インフレとは日用品やサービスなどの値段が上がっていくことです。

例えば、2年前は100円で買えた商品が、1年前は130円、そして現在は150円に値上がりしている状態です。2年前は1000円払えば10個買えたのに対して、現在は1000円だと6個しか買うことができないわけです。

要するに、通帳に記載されている貯金額は変わらずとも、物価が上がるため、相対的に現金の価値が下がってしまい、貯金が目減りしてしまうという理屈です。

「円安」「インフレ」のダブルパンチ 相対的に目減りしていく貯金

なお、インフレになるといっても、景気が良い中でのインフレは問題ありません。

景気が良ければ、賃金も上がりやすくなり、相対的には物価上昇と賃金上昇のバランスが取れるからです。

問題は、給与が上がらない中でのインフレです。この場合、物価の上昇に賃金がついていかず、生活が苦しい状況となります。これをスタグフレーションと言います。

円の価値が下がる「円安」も心配です。なぜなら、円の価値が下がることによって輸入製品の価格が高騰するため、物価上昇につながるからです。

将来のことはわからない だからこそ資産形成が必要

将来的にインフレや円安が続いていくかはわかりません。

しかし、少子高齢化が加速し、「将来の日本の成長が期待できない」と世界が判断することがあれば、円の価値が下がり続け、物価高が続いていく可能性は十分あります。

この先、国にも企業にも頼らず、自分のお金を自分自身で稼ぐことが求められる時代になります。

労働力は有限で、お金を稼ぐには、莫大な時間と労力を必要とします。だからこそ、誰でも始められる投資で資産形成をしていくことが大切なのです。

プロローグ 3

年200万円も射程圏内 新NISAで爆益を狙う方法

「新NISA」で稼ぐには成長投資枠の活用が鍵を握る

新NISAの制度変更におけるポイントは次の4つです。

①投資上限額の大幅拡大
②「つみたて投資枠」と「成長投資枠」の併用
③「非課税期間」の恒久化
④売却後に「非課税枠」が復活する

特に注目したいのが③と④です。

例えば、1年目にA社の株を安値で購入し、2年目に2倍に高騰したため利益を確定したとします。その場合、3年目からA社を売った分の非課税枠が復活するのです。

これが何を意味しているかというと、従来のNISAでは難しかった、「銘柄選定」→「割安時に購入」→「下がる前に売却」という手法がやりやすくなったのです。

つまり、新NISAで稼ぐには次の2つの視点がポイントです。

- **「つみたて投資枠」で購入した投資信託を長期運用する**
- **「成長投資枠」で割安の個別株を購入して数年（できれば1年）で2倍株を狙う**

仮に成長投資枠でその年の上限である240万円をフル活用して2倍株を実現でき

れば200万円以上の利益を非課税で獲得することもできます。

毎年200社超！ 1年で2倍株になる銘柄

「2倍株なんてそんな簡単に見つかるわけないじゃん！」と思われる方も多いでしょう。ところが、日本株だけでも1年間で2倍株になる銘柄は毎年200社以上あります。

それらの銘柄を探し出し、適切なタイミングで購入すれば、初心者でも1年で200万円以上の利益を出すことも夢ではありません。

本書では、銘柄選びは「簡易版オニールのスクリーニング」、購入タイミングの見極めは「ストキャスティクス」というテクニカル指標を用いて行っていきます。

なんとなく難しそうな印象を受けるかもしれませんが、それぞれの設定自体は1分くらいでできるものです。

また、本書では難解な論理などは省略し、「初心者でも始められる」ように、できるだけシンプルにまとめました。

「もう少し突っ込んだ内容が知りたい！」「体系的に学びたい！」という方は、『オニールの成長株発掘法』(パンローリング)、『株投資で着実に儲け続ける！「大循環ストキャス」短期トレード入門』(日本実業出版社)などがおすすめですので、興味を持った方は手に取ってみてください。

目次

プロローグ
「新NISA」を始めるべき3つの理由

1 老後2000万円問題も怖くない！ 新NISAがお金の不安を解決する……6
2 貯金だけでは逃げ切れない だから、投資をするしかない……8
3 年200万円も射程圏内 新NISAで爆益を狙う方法……10

第1章
日本一簡単な節税!? 貯金よりも新NISAを選ぶ理由

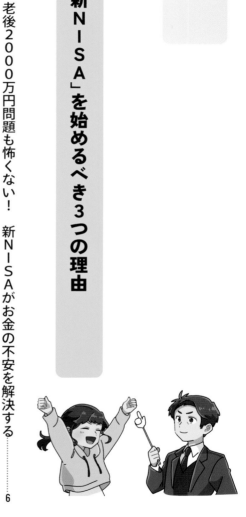

1 大増税国家で生きる日本人の希望 「新NISA」をやるべき理由……20
2 非課税期間が無期限になったってホント⁉ 新NISAの真の魅力……24
3 非課税枠1800万円を有効活用する基本知識……27
4 「つみたて投資枠」「成長投資枠」 それぞれの違いを知ろう……30
5 新NISAの最大の魅力の1つ 翌年復活する非課税投資枠……34
6 72の法則と世代別・家族構成別の新NISAの賢い活用法……37

第2章 「卵を1つの籠に盛るな」 分散投資を徹底すべき理由

1 100円から始められる！ 投資信託の定額積立なら安心&手軽……40
2 投資を始める前に投資のリスクとリターンを知ろう……44
3 投資初心者はココからスタート！ 長期投資でリターンを狙う基本姿勢……48

4 「投資先・銘柄・地域・タイミング」 分散投資の基本的な方針 …… 52
5 手軽に分散投資をするならインデックス型の投資信託 …… 56
6 長期投資は実はリスクが高い側面も？ 定額積立投資でリスクヘッジをすること …… 60
7 長期投資の3つのキーワード 「長期・分散・低コスト」 …… 63
8 知らないと絶対にマズい 投資信託に掛かるコスト …… 66

第3章 新NISAでゼロから投資を始める手順の完全ガイド

1 超簡単！ 証券口座をつくる6ステップ …… 70
2 投資初心者におすすめはSBI証券と楽天証券 …… 76
3 確定申告が面倒な人は「特定口座（源泉徴収あり）」がおすすめ …… 82
4 投資信託を買う場合の注意点 プロの運用がわかる「目論見書」 …… 86

5 株や投資信託の売り時と売り方 92

第4章 まずはココから「つみたて投資枠」で長期投資を始めよう

1 プロが教える「資産が増える」新NISAつみたて投資枠の基本方針 98
2 長期で「資産が増える」新NISAつみたて投資戦略の3条件 101
3 新NISAの積立銘柄① 人口ボーナス期を狙え！ インド市場に投資しよう 104
4 新NISAの積立銘柄② 世界の覇権国！ 王道の米国市場に投資をしよう 107
5 新NISAの積立銘柄③ 世界の有力企業に投資！ 世界株式の投資信託 110
6 新NISAの積立銘柄④ リスク回避のバランス型商品 113
7 長期の積立投資成功の鍵はライフプランとファイナンシャルプラン 116
コラム1 15万人が学んだ「投資の学校」の創業秘話 118

第5章

資産10倍も夢じゃない!? 「成長投資枠」をフル活用しよう

1 プロが教える「年収が増える」新NISA成長投資枠の賢い活用法……120
2 資産10倍プランは新NISA成功投資枠で圧倒的に加速する……123
3 2倍株、3倍株を狙うには相場サイクルに沿った業界から銘柄を探す……126
4 成長投資枠で年単位の利益を最大化したいなら安値圏で銘柄を拾え……130
5 成長投資枠に最適な銘柄は世界水準の銘柄選定法で絞る……133
6 成長投資枠に年間いくら投資すればいいの?……140
コラム2 自分の人生をコントロールする投資スタイル……142

第6章 たった1年で2倍株!? ストキャスティクスの極意

1 成長投資枠を活用した最高の売買タイミング …… 146
2 年単位の割安タイミングをとらえるストキャスティクス入門 …… 149
3 覚えておきたい仕組み　ストキャスティクスの「%K」とは …… 152
4 「%K」を平均化した2つ目のライン「%D」とは …… 157
5 成長投資枠を狙うストキャスティクスの買いサイン …… 160
6 決済タイミングで使える移動平均線の基本知識 …… 163
7 保有すべき時と決済すべき時がわかる　移動平均線パーフェクトオーダー …… 166

終わりに

何のために投資をするのか …… 172

●本書の多くは、執筆時2023年5月～11月現在の情報を基に作成しています。本書刊行後、金融に関連する法律、制度が改正、または各社のサービス内容が変更される可能性がありますのであらかじめご了承ください。

●本書は株式投資情報の提供も行っていますが、特定の銘柄の購入を推奨するもの、またその有用性を保証するものではありません。個々の金融サービス、またはその金融商品の詳細については各金融機関にお問い合わせください。

●株式投資には一定のリスクが伴います。売買によって生まれた利益・損失について、執筆者ならびに出版社は一切責任を負いません。株式投資は必ず、ご自身の責任と判断のもとで行うようにお願い致します。

漫画・イラスト　葵山わさび
装丁デザイン　五藤友紀(ブックウォール)
本文デザイン　松岡羽(ハネデザイン)
校正　西岡亜希子

第1章

日本一簡単な節税!?
貯金よりも
新NISAを選ぶ理由

第1章

1 大増税国家で生きる日本人の希望「新NISA」をやるべき理由

サラリーマンでも「節税」ができる

増税や社会保険料の値上げによって、私たちの可処分所得（収入のうち、税金や社会保険料などを除いた所得）は年々減少しています。

そのような中で、稼いだ利益が非課税になる「新NISA」は私たちにとって、見過ごすべきではない希望の制度です。

「NISA」とは、一定の条件を満たす特定の金融商品（株式や投資信託など）に対して、投資利益が非課税になる制度です。

「少額投資非課税制度」（Nippon Individual Savings Account）の略称で、英国の「ISA」をモデルに個人の老後資金などの積立に対しての税制優遇を目的に、2014年1月にスタートしました。

株で得た利益は通常約20％課税される

株式投資で得た利益には通常、所得税15・315％、住民税5％の合計20・315％の税金が発生します（所得税に復興特別所得税を含む）。

株式を売買して得た利益には譲渡益課税と

して20・３１５%、配当金で得た利益にも配当課税として20・３１５%の税金が課税されるということです。

おおざっぱに**株式投資の利益は約20%が税金として引かれて、残りの約80%が手元に入ってくるお金**と考えていいでしょう。

約20%の税金は少なくありません。例えば、ある株式を売買して10万円の利益を得たとしたら、10万円の約20%である2万円が引かれた8万円が実際の利益となります。

１００万円の利益なら20万円、１０００万円の利益なら２００万円が税金として引かれる計算です。

NISAで得た利益は一定の範囲内であれば非課税

しかし、**NISAを活用すれば、株式や投資信託などへの投資で得た利益や配当金、分配金への税金を、一定の範囲内までなら合法的に非課税にすることが可能**です。

税金が発生しないということは、10万円の利益を得たのなら10万円、１００万円の利益を得たのなら１００万円をまるまる手元に残せるということです。

利益に約20%の違いが出ると大きな差になります。例えば、同じ５００万円の利益を得ても、NISAを利用していない人は税金を引かれて約４００万円の利益です。

一方でNISAを利用している人は非課税

なので５００万円をまるまる得られます。

この１００万円が引かれずに残っていることで、生活費や学費、再投資など、さまざまなことに利用できます。

「新ＮＩＳＡ」では年間最大３６０万円の投資が可能

株式投資で得た利益が非課税になるというのは、資産形成に非常に大きなメリットになります。

特に、２０２４年から始まった**「新ＮＩＳＡ」**では、旧ＮＩＳＡの「つみたてＮＩＳＡ」にあたる**「つみたて投資枠」は年間１２０万円、旧ＮＩＳＡの「一般ＮＩＳＡ」にあたる「成長投資枠」は年間２４０万円と、投資できる上限が増えました。**

さらに「つみたて投資枠」と「成長投資枠」の併用も可能なため、合計で年間最大で３６０万円まで投資できるようになり、この**３６０万円の投資金から生まれた利益が非課税**になります。

生涯単位で見れば、累計１８００万円まで（成長投資枠は１800万円のうち1２００万円まで）の投資金から生み出された利益に掛かる税金が非課税になるということです。

税金や社会保険料の負担が年々増えていく中で、新ＮＩＳＡは誰でも手軽に節税ができる制度なのです。

NISAを利用すれば株式投資の利益が非課税となる

資産運用で10万円の利益が出た場合

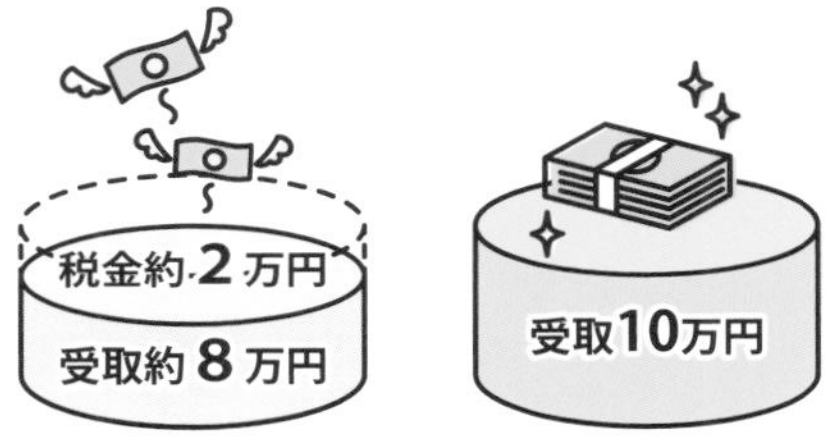

通常の証券口座
（一般口座・特定口座）

NISA口座

NISA口座で取引すれば投資で得た利益に税金が発生しません。通常は約20%が課税されると考えた場合、100%全てを収入とできるのは、資産形成において大きなメリットです。

投資の利益が非課税となるのは大きなメリット!

同じ100万円の利益でも

通常 → 20%が引かれた80万円が実収入

非課税 → 100万円がまるまる収入となる

非課税となるNISAを活用した方がお得!

第1章 2

非課税期間が無期限になったってホント!?新NISAの真の魅力

「新NISA」から制度の恒久化が決まった

新NISAは、年間に投資可能な上限や非課税となる限度額が増えるだけではありません。**制度が恒久化されたという大きなメリット**もあります。

「恒久化」とは、半永久的に活用できるということです。「運用中に制度自体が終わったらどうしよう」「将来的には非課税でなくなるかもしれない」などの不安もなくなり、より長期運用がしやすくなります。

投資をしていると、何度も株式相場の急落に直面することになりますが、長期投資愛好家の方にとっては、今後安定的な成長を見込んでいる業界や銘柄で運用をしながら「高値を更新するまで保有し続ける」ことも可能になりました。

新NISAは18歳以上の人であれば口座開設が可能です。つまり、若い方でも手軽に投資を始めることができます。

また、投資を始めることで、経済的な豊かさを得られることはもちろん、経済や社会に関心を持つきっかけにもなることでしょう。

2024年から非課税の期間が無期限に

新NISAでは、制度の恒久化に加え、「つみたて投資枠」と「成長投資枠」の両方の非課税期間が無期限になりました。

新NISAにおける非課税期間とは、NISA口座を通じて購入した投資商品を売買した時に生じる値上がり益などに対して税金が掛からない期間のことです。

かつてのNISAでは、投資で得た利益が非課税となる期間は期限があり、つみたてNISAは購入から20年後、一般NISAは購入から5年後には非課税期間が終了し、課税されるというものでした。

なお、非課税期間が終了した際、非課税期間を継続することもできましたが、「ロールオーバー」という所定の手続きを踏む必要がありました。

新NISAではロールオーバーという概念もなくなるため、面倒な手続きをする必要もなくなり、投資未経験者でも使いやすい制度となっています。

非課税期間が無期限化したことで、資産形成に役立つ制度となり、年単位の利益を狙う投資から、数十年単位の超長期投資まで、利益チャンスをライフスタイルに合わせて自由に選択できるようになりました。

新NISAは非課税期間が無期限に!

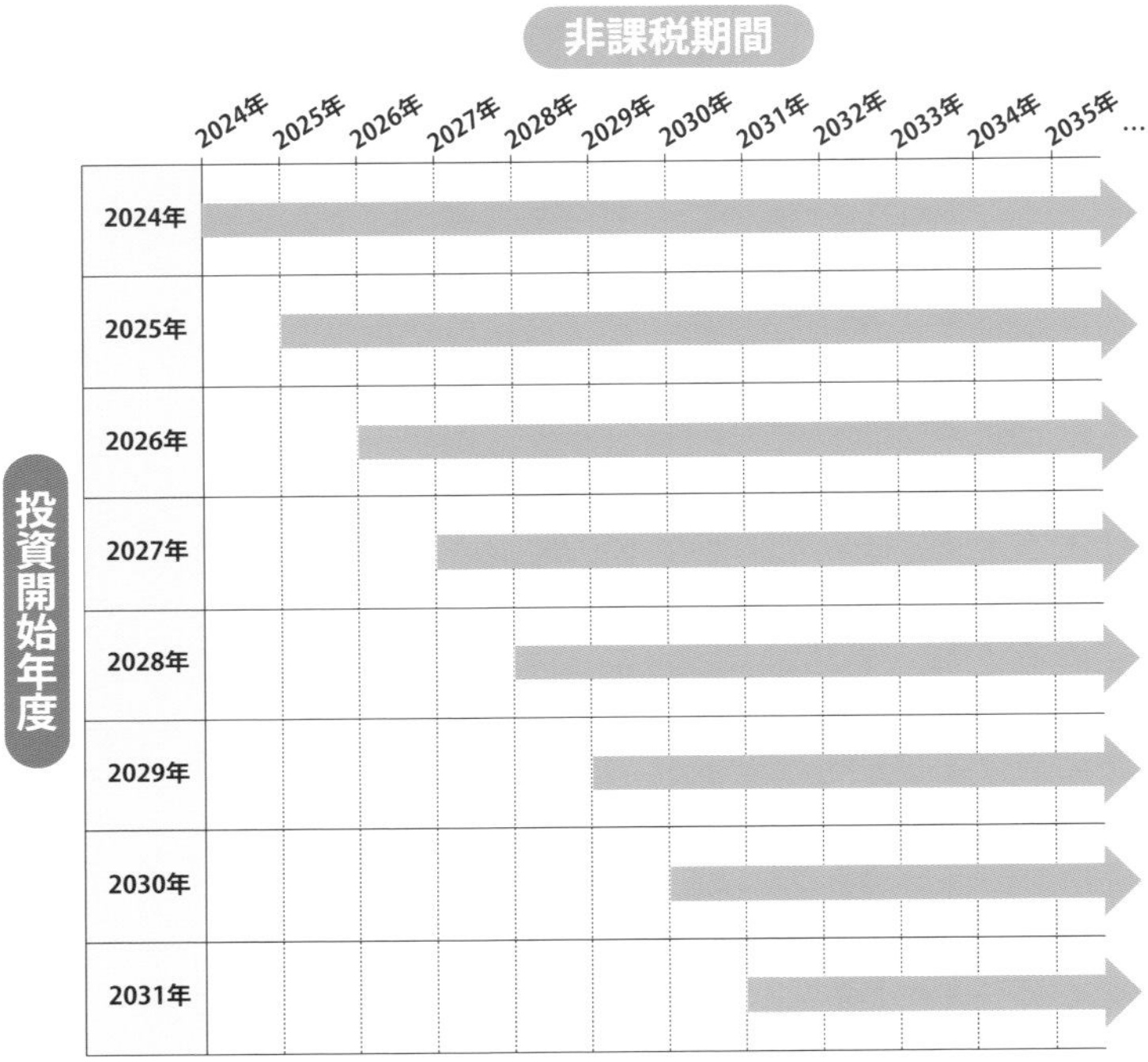

非課税期間がいつまでも継続するため、より長期の運用が可能となる!

第1章

3

非課税枠1800万円を有効活用する基本知識

「つみたて投資枠」と「成長投資枠」

NISAを活用すれば投資で得た利益が非課税となりますが、そのためには、一定の条件を守らなくてはなりません。

新NISAでは1年間で投資できる金額に上限が定められています。**つみたて投資枠で1年間に投資可能な金額の上限は120万円、成長投資枠の1年間に投資可能な金額の上限は240万円**となっています。

つみたて投資枠と成長投資枠を一緒に活用することができるので、120万円と240万円を合計した360万円が年間投資額の上限となり、その年に購入した株式や投資信託の累計額がこれ以下でないと非課税とはなりません。

また、生涯の非課税限度額も決められています。非課税保有限度額は1800万円です。つまり、**生涯で最大1800万円までの投資から生み出された利益に対して、本来掛かる約20%の税金が非課税になる**ということです。

この非課税となる枠は、購入時の取得金額で計算していきます。例えば、100万円で購入した株式が200万円に値上がりしても、消費する非課税枠は購入時の100万円でカウントされます。

それぞれの上限額に注意

注意点としては、1800万円全てをつみたて投資枠と成長投資枠の両方で自由に使えるわけではないということです。

つみたて投資枠では1800万円全てを使えます。例えば、つみたて投資枠で毎月3万円で積立投資をすると、年間の合計額は36万円です。上限の1800万円になるまでの50年間積み立てをするような運用も可能です。

一方で、成長投資枠は1800万円のうち1200万円までの投資金が上限になります。つみたて投資枠を使わずに、成長投資枠だけを使う場合も同じ1200万円が上限です。

新NISAの非課税保有限度額は1800万円ですが、1年で1800万円分の投資ができるわけではなく、**年間で投資できる金額が決められている**点に注意が必要です。また、後述しますが、新NISAでは非課税保有限度額は再利用できます。

仮に1800万円の枠が全て埋まったとしても、**売却すれば翌年に復活し、復活した枠を使って非課税投資が可能**になります。

幅広い使い方ができ、さらに1800万円までの投資が非課税になるのは、非常にメリットが大きい制度なので、活用していきましょう。

新NISAの年間投資上限

つみたて投資枠
年間**120**万円

成長投資枠
年間**240**万円

併用すれば年間**360**万円まで投資可能

新NISAの生涯の非課税限度額

新NISA全体の生涯の非課税限度額
1800万円まで投資可能

つみたて投資枠
1800万円

成長投資枠
1800万円のうち
1200万円

↓

年間の上限**360**万円をフルに投資した場合、
5年で上限に達する計算になる

第1章 4

「つみたて投資枠」「成長投資枠」それぞれの違いを知ろう

「つみたて投資枠」と「成長投資枠」それぞれの特徴を押さえよう

前節で説明した通り、新NISAには「つみたて投資枠」「成長投資枠」という2種類の枠があります。これらは併用可能で、それぞれ特徴が異なります。

「つみたて投資枠」は、長期での積立投資に適しています。年間投資枠は年間120万円まで投資可能なので、最大で月々10万円までを積立投資に回すことができます。

仮に年利3％の運用で、月10万円を30年運用すると最終的な積立金額は約6000万円になりますが、これを非課税で受け取れるとしたら、とても大きなことだと思いませんか？

「成長投資枠」は、投資信託はもちろん、個別株やETF、REITの購入も可能で、**新NISAで個別株投資をしたい場合は、成長投資枠を利用することになります。**

成長投資枠の年間投資上限は240万円なので、年間240万円までの個別株投資などから生み出された利益を非課税で受け取ることができるということです。

「つみたて投資枠」と「成長投資枠」では投資商品が異なる

投資可能な上限金額が異なることに加え、「つみたて投資枠」と「成長投資枠」では**投資できる商品が異なる**点も重要です。

例えば、「つみたて投資枠」は、信託報酬や販売手数料などにおいて金融庁が定める要件を満たす投資信託や上場投資信託（ETF）に限定されています。

一方、「成長投資枠」の投資対象商品は「つみたて投資枠」に比べて多く、上場している個別株（日本株、米国株など）なども認められており、リスクが高い商品にも投資ができるのが特徴です。

この2つを上手に使い分けることが、新NISAで利益を最大化させる大きなポイントと言えるでしょう。

「つみたて投資枠」はプロに任せる投資信託が中心

「つみたて投資枠」で投資可能なのは、一定の条件を満たした投資信託とETFです。個別株には投資できません。

投資信託とは、プロに運用を任せるタイプの投資商品です。全世界株に分散投資するタイプや米国S&P500に分散投資するインデックスファンドなどが人気です。**あなたが銘柄を選定することなく「1銘柄で市場全体に分散投資」をすることもできます。**

また、全ての投資信託を購入できるわけでもありません。金融庁の基準を満たした投資信託に限定されています。具体的に何を買うべきかは、第4章で後述していきます。

「成長投資枠」は投資の選択肢が各段に増える

一方の「成長投資枠」は、個別株や投資信託、国内と海外のＥＴＦ、ＲＥＩＴなどの購入が可能です。

なお、成長投資枠でもつみたて投資枠の対象商品は購入可能です。つまり、つみたて投資枠で年１２０万円の投資信託を購入し、さらに成長投資枠で年２４０万円の投資信託を購入するという方法も可能です。

ただし、成長投資枠も全ての商品を購入できるわけでもありません。

デリバティブ（金融派生商品）と呼ばれる上級者向けの投資商品などは購入不可能です。ネット証券の購入画面には「新ＮＩＳＡ対応銘柄」がわかるように記載があることが多いので、新ＮＩＳＡに対応していない商品を誤って購入するケースは多くないと思いますが、心配であれば証券会社のサポートセンターなどに電話相談するのも１つの選択肢だと思います。

なお、**つみたて投資枠はその名の通り、購入方法は積立のみ**です。スポット購入はできません。

一方の**成長投資枠はスポット購入ができ、長期保有や定期的な追加投資（積立投資）も可能**です。

やり方によっては、つみたて投資枠と成長投資枠の両方で積立投資をすることができます。この点は覚えておいた方が取引の幅が広がります。

新NISAにはつみたて投資枠と成長投資枠がある

	つみたて投資枠	成長投資枠
年間投資枠	120万円	240万円
	併用すれば360万円	
生涯の非課税限度額	1800万円	1200万円(内数)
非課税期間	無期限	無期限
購入方法	積立のみ	スポット購入、積立
投資対象商品	長期の積立・分散投資に適した一定の投資信託 (旧つみたてNISA対象商品と同様)	上場株式・投資信託等 ①整理・管理銘柄 ②信託期間20年未満、毎月分配型の投資信託およびデリバティブ取引を用いた一定の投資信託を除外

つみたて投資枠と成長投資枠の違い

- ☑ 年間投資上限はつみたて投資枠が120万円、成長投資枠が240万円
- ☑ 成長投資枠は非課税保有限度額の1800万円のうち1200万円まで
- ☑ つみたて投資枠は一定の投資信託、成長投資枠は上場株式、投資信託などが対象
- ☑ つみたて投資枠は積立投資のみ、成長投資枠は積立投資もスポット購入も可能

第1章 5

新NISAの最大の魅力の1つ翌年復活する非課税投資枠

投資商品を売却すると非課税枠が翌年復活する

新NISAという制度の最大の魅力の1つは、非課税投資枠が翌年復活するというものです。要するに、保有している銘柄を売却すると、翌年に投資枠が復活するということです。

かつてのNISAでは非課税枠の再利用は不可能でした。保有する株式や投資信託の売却は自由ですが、途中で売却した分の非課税投資枠は復活しないため、非課税投資枠を使い切ってしまった場合は新たな株式や投資信託に投資できないというデメリットがありました。

途中で売買しても非課税枠が復活する新NISAは、「売却益狙いの投資がやりやすくなった」とも言えます。

投資で最も大切なことの1つに「いつ売るのか」ということがあります。

人生は有限ですし、お金が欲しいタイミングは人それぞれ異なりますから、「買ったものをいつタイミングよく売って利益を確保するのか」という視点は、ある種、買う以上に重要なことなのです。

非課税枠が復活する新NISA

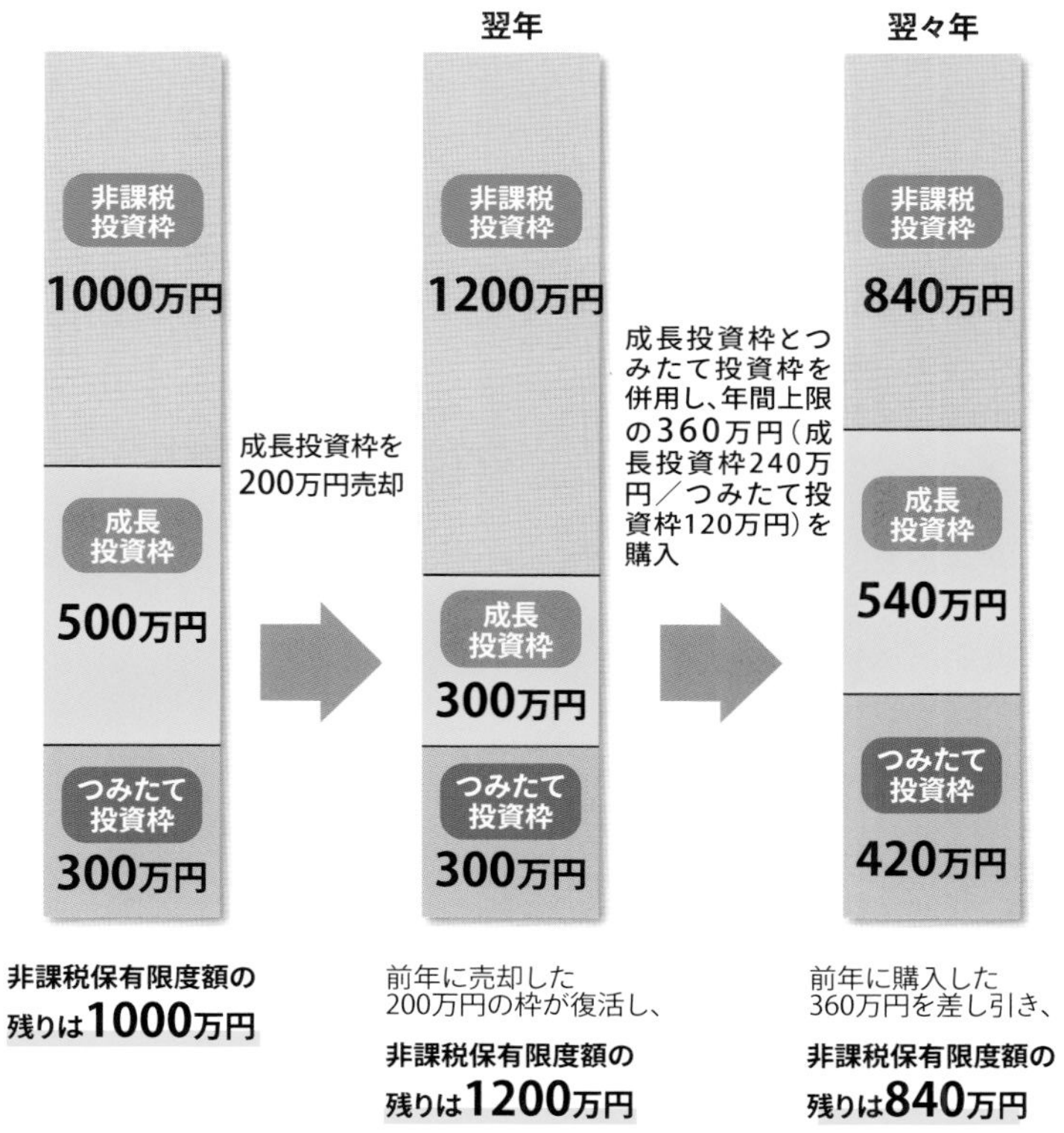

※金額は全て簿価（取得時の価格）で計算しています

売却した分の枠は翌年に復活します。そのため、生涯の非課税限度額である1800万円まで投資しても、売却すれば再びNISAで投資が可能になります。ただし、年間に投資できる上限は成長投資枠が240万円、つみたて投資枠が120万円で、売却した分だけ購入できるわけではありません。

「どう買い替えていくのか」求められるのが新NISA

翌年にも非課税投資枠が復活するという点で、躊躇なく保有商品を売却できることが新NISAの特徴の1つです。

例えば、成長投資枠で購入時に100万円だった個別株が200万円に値上がりして売却したとします。新NISAでは、買った時の100万円の非課税枠を翌年、再利用できるということです。

後述しますが、**新NISAを活用した投資成功の鍵は「銘柄をどう買い替えていくのか」**ということだと、私は思っています。

ただ闇雲に長期投資をするのではなく、ライフプランを見つめなおし、投資の教養を深めて「時代の情勢」「自分の年齢やライフスタイルの変化によるリスク許容度」などによって「保有すべき銘柄を入れ替えていく」ことにこそ、最大の妙味があると思っています。

もちろん、長期投資は資産形成の軸となることは間違いありません。しかし、政府封鎖のリスクがあるほど借金をしている米国政府が今後の長期投資に耐えられるかどうか、正直プロでもわかりませんので、「長く保有すれば安心なのか」と言われると、そうとも言い切れません。

個人的には、投資枠の復活がある点で、「いつ決済するべきか」に焦点を当てた投資スタイルが今までよりも、後押しされることを願っています。

第1章
6

72の法則と世代別・家族構成別の新NISAの賢い活用法

お金が2倍になる期間がわかる！ 知っておきたい「72の法則」

家族構成や自分の年齢、お子さんの年齢によって、これから必要となる金額はそれぞれです。

例えば、育児世代が子供の教育資金について考える場合、もし子供が8歳であれば、10年後に「大学入学費用で100万円掛かる」などと試算することができます。

しかし、多くの人にとって、10年後を見越して投資をするのは、なかなか難しいです。

今投資した金額が10年後どうなっているのか、見通しを立てられないからです。そこで、活用してほしいのが「72の法則」です。

これは、投資した資金が「2倍」になる時期を算出する法則です。算出方法は「72÷金利=お金が2倍になる期間」です。

例えば、金利7%で毎年お金を増やす場合、その資金が2倍になるのは「72÷7=約10年」となります。

仮に年7%ずつ増やすことができれば、新NISAで税金も掛からず、約10年で2倍になるということです。

もし、大学入学で１００万円掛かるなら、「今持っている50万円を年７％が狙える投資先に投資をして子供の大学入学資金の準備はほぼ完了」という予測を立てることもできるのです。

自分の年齢に合った方法で資産形成を行う

新社会人から30代までの方は、結婚、結納、新婚旅行、マイホーム、育児費用など数百万円単位でお金が掛かるライフイベントが目白押しです。

仕事についてはなるべく高給を狙い、半年分の生活費を預貯金に回した後は積極的に投資をしていくべきです。

50～60代の定年直前期の方は、長期の運用は難しいので、まとまったお金で成長投資枠を積極的に活用した「1年～数年単位の利益を狙う運用法」（第5～6章参照）を視野に入れましょう。

さらに、リスクを徹底的に抑えた長期運用をしながら、退職後の再雇用を視野に入れてなるべく長く働き、預貯金を切り崩しながら、年金と長期運用の利益で生活を賄う対策が王道だと思います。

第2章

「卵を1つの籠に盛るな」分散投資を徹底すべき理由

第2章 1

100円から始められる！投資信託の定額積立なら安心&手軽

自分の許容できるリスクを考えて投資商品を選ぶ

投資商品にはさまざまな種類があります。株式以外にも、FXや債券、先物取引、オプション取引、暗号資産、CFDなどがあります。その中には、大きな元手が必要なものや、高いリスクを伴うものもあります。

投資商品を選ぶ際には「いくらの資金を使って、いつまでにどのくらいの利益を得たいのか」「そのためにリスクはどの程度許容できるか」「ライフスタイルはどの程度変更できるか」といった基準を持つことが必要です。

投資をする際は、東京証券取引所など、信頼と実績のある機関が運営している市場で売買をすることが原則です。

中には、「お金を預けてくれた代わりに増やしてあげる」「お金を払ったら権利収入が得られる」「タワーマンションの一室で行われる秘密の話だ」などの甘い言葉で人をだまし、詐欺まがいの投資商品を購入させる業者も少なくありません。

この手のものは論外で一切手を出すべきではありませんので、くれぐれもご注意ください。

投資信託は100円からでも複数の企業に分散投資できる

新NISAの投資対象となるのは、日本国内の個別株、外国株、投資信託(ETFを含む)やREITなどです。これらは、個人がネット証券に口座を開くと、どれも簡単に購入することができます。

例えば、米国を代表する指数であるS&P500に投資をしたい場合、500銘柄全てに小額で分散投資するなどというのは大変な手間や資金が掛かるので、このような場合は「投資信託」や「ETF」を買います。

投資信託とはプロが運用する投資商品のことです。ETFは投資信託の中でも、上場しているもので、通常の個別株のように、ネット証券で即座に売買をすることができます。

上場していない投資信託は、購入と解約に数営業日の日数が掛かることもあり、即座に売買はできません。

投資信託は100円から購入できるものもあり、大手ネット証券であれば、毎月、決まった日に定額積立設定などもできるので、長期投資の際にはおすすめです。

ただし、投資信託であっても損失を出す銘柄は山ほどあります。

プロが運用するからと言って全面的に安心できるものではないということと、プロが運用する分、信託報酬という手数料が高額(長期投資だと、投資資金次第では数十万円を超えることもよくある)になることがあるので、その点はご注意ください。

「推し企業」に投資するのが個別株投資

一方、個別株投資においては、全て上場している銘柄なので、日本株、米国株を含めて、即日で購入と決済をすることができます。

ただし、米国株の場合は時差があるので、日本の昼間の時間に注文をしても、実際に注文が成立するのは夜間帯や翌日になることもあるので注意が必要です。

個別株でも投資信託でも、株に投資をするという行為は、その裏側にある企業や経済の成長に期待をし、応援するという意味合いを持ちます。

それと同時に、株を保有して市場に参加することで、投資家としての当事者意識を持てるようになり、自然と経済や社会に関心を持つようになります。経済や金融に苦手意識を持っている人は、教養を深める意味でもトライしてみることをおすすめします。企業は日々、社会のために利益活動を行っていますし、「自社株買い」と言い、企業戦略の一環で株価上昇につながる施策を実施したりすることもよくあります。

個別株はリスクが高い分、1年で価値が2倍になる銘柄もあります。しかし、新NISAの「成長投資枠」を使えば非課税で利益を得ることができます。

新NISAでは株式と投資信託をメインに投資しよう

投資商品には多くの種類がある

株式　外貨預金　暗号資産　CFD
投資信託　FX　不動産
オプション取引　バイナリーオプション　先物取引
債券　金・銀・プラチナ現物

↓

新NISAの投資対象になる投資商品

国内株式　海外株式　投資信託　ETF
など

↓

☑ 新NISAを活用する場合の投資先のメインは株式と投資信託

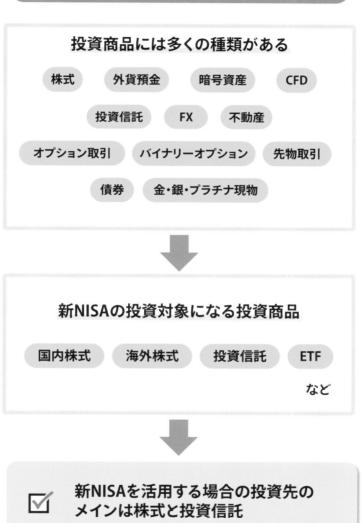

第2章

2

投資を始める前に投資のリスクとリターンを知ろう

知っておくべき株式投資のリスク

一般的に新NISAでメインの投資商品となる株式投資には主に4つのリスクとリターンを有しています。それぞれ簡単に説明していきます。

まず4つのリスクについては次の通りです。

・市場リスク(市場の変動):

株式市場は日々変動し、経済や政治の出来事、企業の業績などに影響を受けます。これらの変動により、投資した株式の価格が上下するリスクがあります。

・企業リスク(特定企業の業績や事業環境):

投資した企業が業績不振や競争の激化などに直面すると、株価が低下する可能性があります。特に特定の企業に依存した投資は、企業特有のリスクを受けることになります。

・金利リスク:

金利の変動は株式市場にも影響を与えます。通常、金利が上昇すると、株式の魅力が低下し、投資家はリスクの低い金融商品に資産を移すことがあります。

・流動性リスク:

売買が難しい投資先や市場の流動性が低い場合、投資家は思った通りの価格で取引できないリスクがあります。

株式投資で得られるリターン

次に株式投資で獲得できる4つのリターンについては以下の通りです。

・キャピタルゲイン：

株価の上昇によるキャピタルゲインです。株式相場が上昇すれば、購入価格よりも高い価格で売却し、利益を得ることができます。

・配当収入（インカムゲイン）：

一部の企業は利益の一部を株主に対して配当として支払います。これにより、投資家は株式保有時に定期的な収入を得ることができます。また、投資信託の中には分配金を出す商品もあります。

・分散によるリスク低減：

複数の異なる銘柄に資産を投資することで、特定の企業や業界に依存せず、リスクを分散することができます。また、外国株には為替の変動によるリスクを抑えた商品もあります。

・税制上の利益：

株式投資によって得られる利益に特別な税制が適用されることがあります。日本では新NISAがこれに該当し、特定の要件を満たせば取引によって生じた利益を非課税で受け取ることができます。

金融商品によって リスクとリターンはさまざま

金融商品によってリスクはさまざまです。新ＮＩＳＡで取引される商品には国内株式、外国株式、ＥＴＦ、ＲＥＩＴ、債券などさまざまな種類があります。

先に説明した内容はあくまでも一般的なリスクとリターンの話で、それぞれの投資商品の中にも国や企業によって細分化されたリスクとリターンがあります。

「債券は株に比べて安定している」と言われることがありますが、株の中にも時流の波に乗って急成長を遂げた新興株もあれば、１００年以上の歴史を有する安定株など、その種類はさまざまです。

投資で成功するには「一般論に惑わされない」ことが重要で、その視点は新ＮＩＳＡでも求められるでしょう。

国内株式の期待リターンは5%〜6%くらいが目安

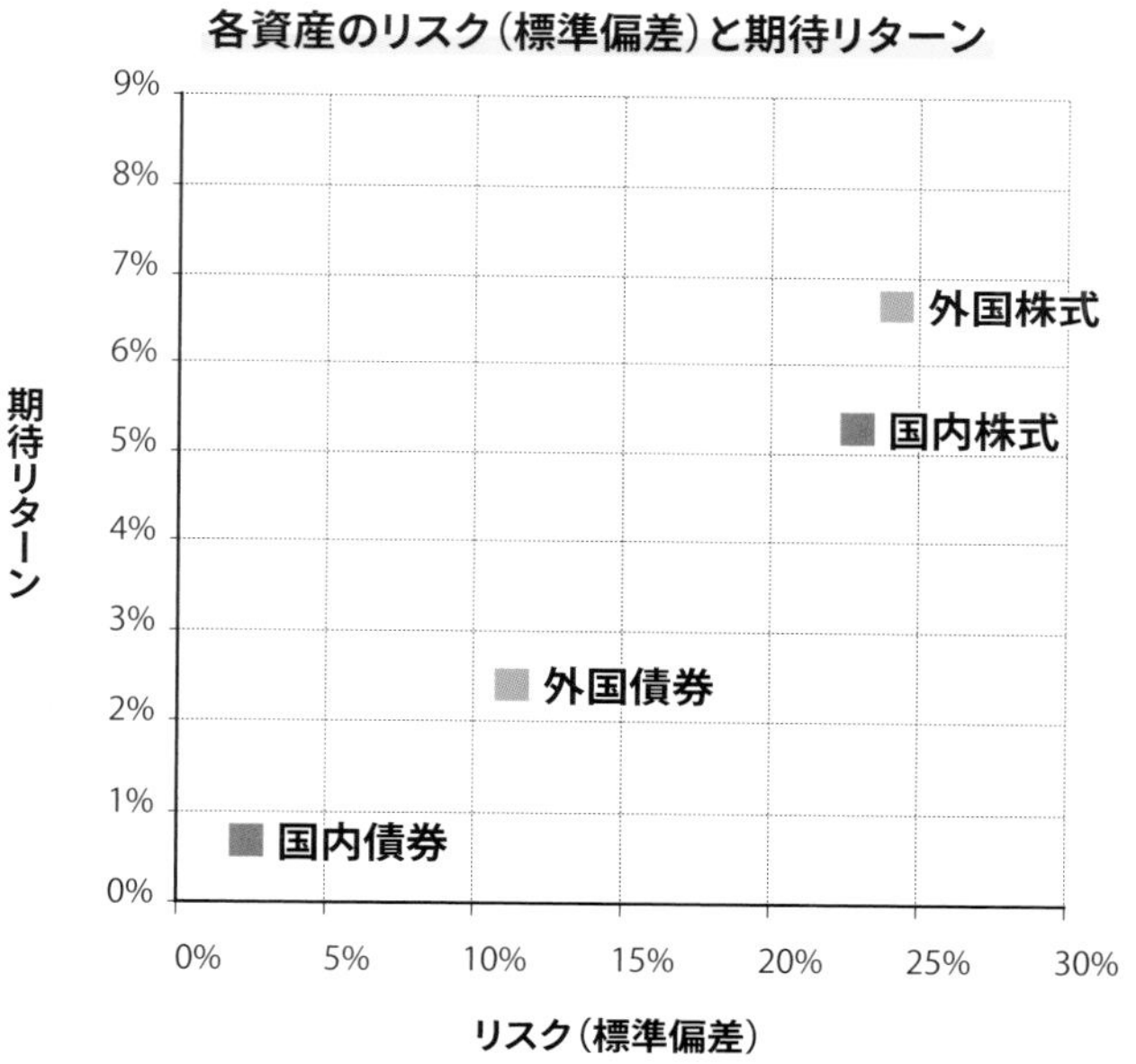

※GPIFとは… 日本の年金積立金を運用する機関。「Government Pension Investment Fund(年金積立金管理運用独立行政法人)」の略。上記はGPIFが2020年4月1日より適用した基本ポートフォリオを策定した際の数値。期待リターンは名目賃金上昇率を加えた名目値。

出典:GPIF「主な資産のリスク・リターン」

GPIFが2020年4月1日に基本ポートフォリオを策定した際に使った金融商品ごとの期待リターンとリスク(標準偏差)です。これを参考にすると、国内株式は5%〜6%、外国株式は7%〜8%のリターンが目安になりそうです。

第2章 3

投資初心者はココからスタート！長期投資でリターンを狙う基本姿勢

投資初心者は長期投資から始めてみる

株式投資はずっとチャートを見ながら、頻繁に取引を繰り返すようなイメージを持っている人は多いと思います。これは「トレード」と呼ばれる手法です。

一方、**投資初心者の方は、トレードよりも株などの投資商品を購入して長く保有しておく長期投資から始めてみるのがいいでしょう。**

数年〜数十年にわたって購入した株式や投資信託を保持し続けて価格が値上がりするのを待つ手法です。

株価は長期で見ると上昇している場合が多い

株価は長期で見ると上昇している場合が多いです。チャートは過去20年の日経平均株価ですが、20年前の2003年は1万円以下だったのに、2023年には3万円まで上昇しています。

もし、2003年から日経平均株価に連動するインデックスファンドを購入し、現在まで保有していれば、約3倍になった計算です。

個別株でもトヨタやソニーなどのチャートを長期で見ると右肩上がりで上昇している上

日経平均株価は長期だと上昇している

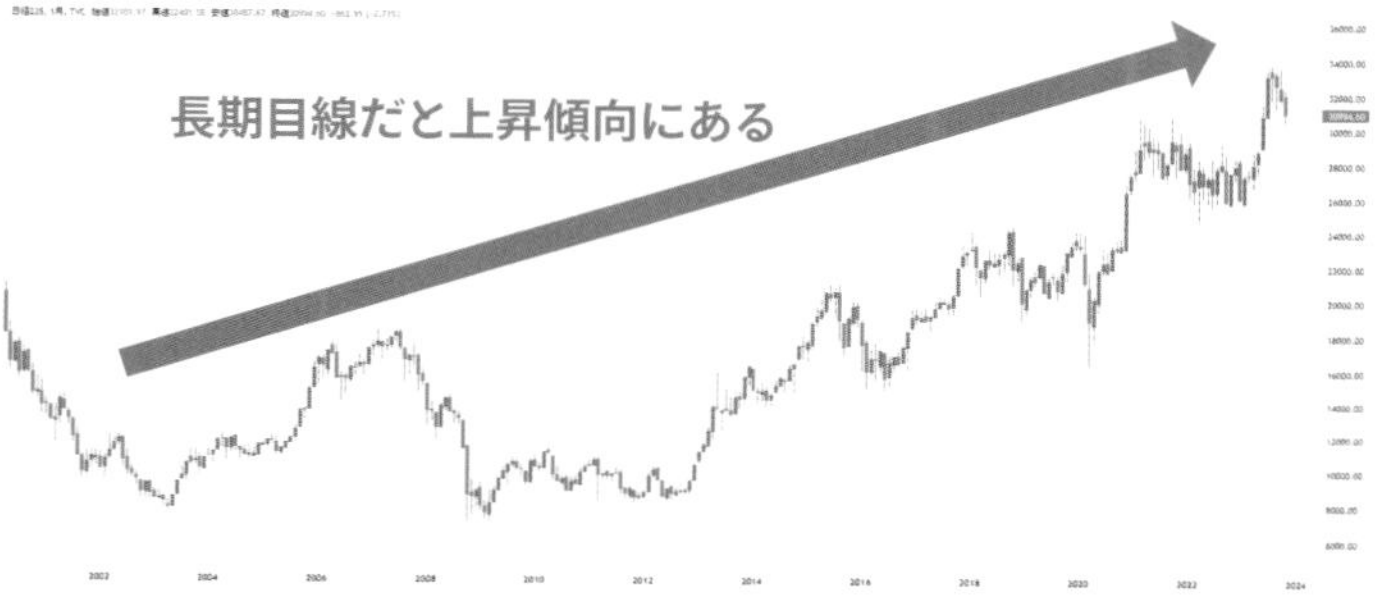

出典:Trading View

2002年から2023年までの過去20年間の日経平均株価のチャートです。2003年は1万円以下でしたが、2023年には3万円台まで上昇しています。もし、2003年から保有していれば、約3倍になった計算になります。

一時的に下落しても上昇する可能性がある

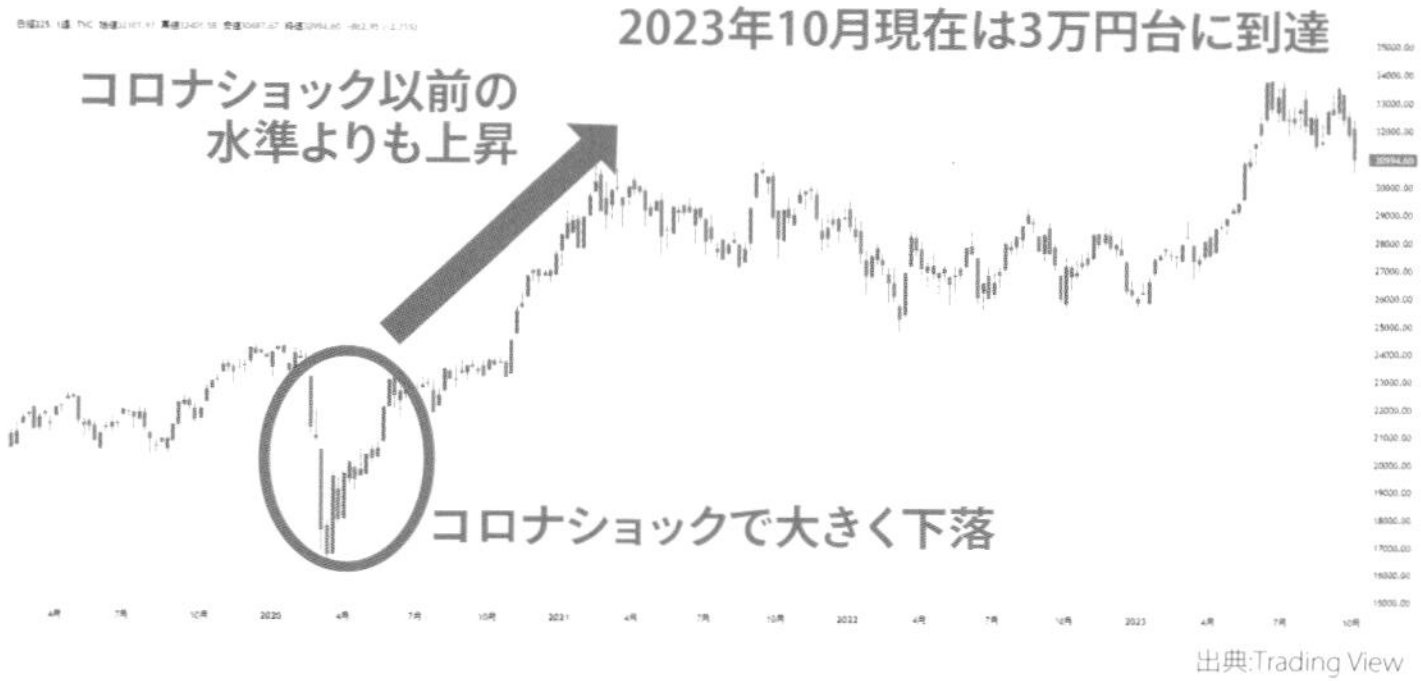

出典:Trading View

2020年のコロナショック以後のチャートです。コロナショック時に大きく下落していますが、すぐに上昇し、コロナショック以前の水準よりも上昇しています。2023年10月現在は3万円台に到達しており、コロナショック時でも売らずに保有を続けていれば利益が大きくなった計算になります。

場企業は多いです。過去のチャートを見ると、長期保有をした方が、利益が大きくなることがわかります。

積立投資なら「雪だるま」式に資産を増やせる

また、私たちの年金運用を担うＧＰＩＦのデータでも、長期投資の方が資産を大きく増やせる可能性が高いことを示しています。

図は１９６９年末に国内株式、国内債券、外国株式、外国債券にそれぞれ１００万円を投資し、２０２２年末まで保有し続けた場合に得られた利益を表したグラフです。

これを見ると、長期で保有を続けると資産が右肩上がりに増えています。

現役で働いている人で、仕事に費やす時間が長い方は、ネット証券で「積立設定」をしておくことで、複利効果を使った自動運用もできます。

投資における複利とは、利益を再投資していき、より大きな利益を目指すことです。イメージとしては、「雪だるま」に例えられることも多いです。

長期的に配当金や値上がり益を再投資していくことで、より大きな配当金や値上がり益を狙えるメリットが長期投資にはあります。

これまでの株式市場は、長期的に見ると上昇を続けています。

まず何から始めていいかわからない方は「小額で長期投資を始めてみる」といいでしょう。

長期保有で資産が増える

長期投資による主な資産の価額推移（1969〜2022年）

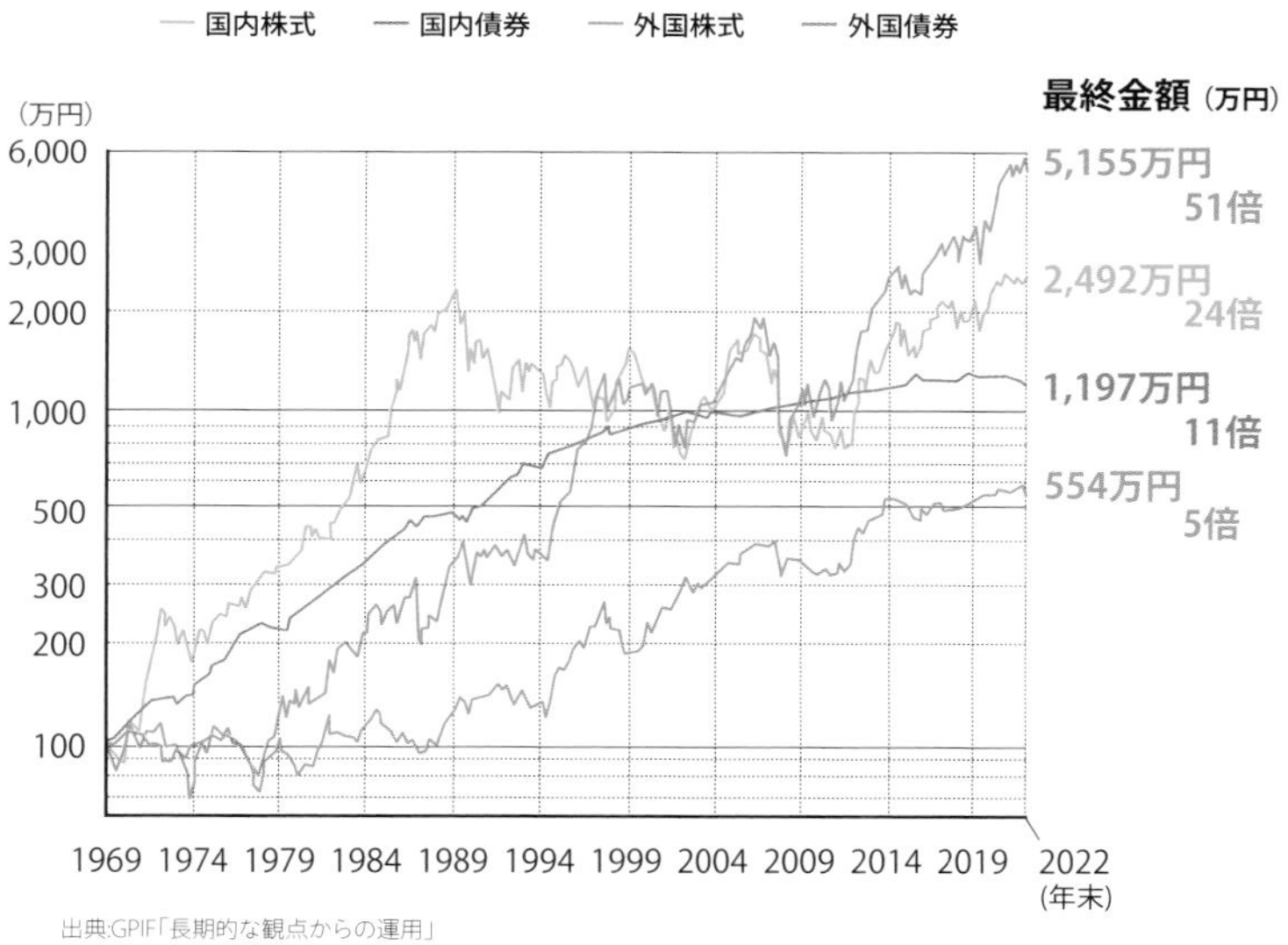

出典:GPIF「長期的な観点からの運用」

GPIFが算出した、1969年末から2022年末にかけて国内株式、国内債券、外国株式、外国債券にそれぞれ100万円を投資して保有し続けた場合の資産推移です。このグラフを見ると、長期保有をすると大きく資産が増える可能性が高いことが分かります。

第2章
4

「投資先・銘柄・地域・タイミング」分散投資の基本的な方針

投資の基本は「分散投資」

投資で資産形成をしていくために重要なのは、リスクをできる限り減らすことです。リスクを減らすための方法の1つに分散投資があります。

分散投資とは、購入する投資商品や銘柄、投資先の地域、購入するタイミングなどを集中させせず、複数に分けることでリスクを分散させる投資方法です。

例えば、株式だけに投資をしていた場合、株式相場が下落したら大きな損失となります。もし、株式だけでなく、債券や外貨、金などに分散して投資しておけば、仮に株式相場が下落しても他でカバーできます。他にも、あるタイミングで一括購入すると、購入時から株価が下落した時に大きな損失となります。

そのため、株価の上下に合わせて購入するタイミングを分散させることで、購入価格を平準化して下落の損失を軽減する方法もあります。

1つの投資商品に資産を集中させてしまうと、例えば保有先の企業の業績が急激に悪化した場合、大幅に資産が目減りしてしまいます。

そのため、**分散させて下落した時のリスクを減らすことが投資では重要**になります。

分散投資の一般的な4つの手法

分散投資には、「①金融商品の分散」「②銘柄の分散」「③地域の分散」「④タイミングの分散」の4つの方法があります。それぞれ解説していきます。

①金融商品の分散

1つの金融商品だけでなく、何種類もの金融商品に分けて投資します。

例えば、株式と債券、通貨、不動産、暗号資産といったように、複数の金融商品を組み合わせることで、リスクを分散させます。1つの金融商品で損失を出しても他でカバーできるメリットがあります。

ただし、新NISAに限って言えば、対象となるのが株式や投資信託がメインなので、金融商品の分散は難しいかもしれません。

②銘柄の分散

1つの銘柄や業界だけに投資するのではなく、複数の銘柄や業界に分けて投資する方法です。

例えば、小売業界、海運業界、IT業界、不動産業界といったように、業界の異なる銘柄を購入します。

異なる業界に分散することで、ある業界が下落しても、他の業界でカバーするという狙いがあります。

③地域の分散

異なる国や地域に投資する方法です。

例えば、日本株と米国株のように、国内の株式と海外の株式を組み合わせて運用し、リスク分散をします。

日本株が下落しても、米国株でカバーするという考え方です。

④タイミングの分散

購入するタイミングを分散させることで、リスク分散をする方法もあります。

ある時期に一括で購入するのではなく、**時期をずらして複数回に分けて購入することで、購入価格を平準化させてリスク分散をします。**

例えば、価格が高い時は購入量を少なくし、価格が低くなれば購入量を多くして平均価格を下げるドルコスト平均法などがあります。

想定外のケースを見越して投資することが重要

なお、新NISAの投資対象になるのは株式や投資信託のため、銘柄の分散、タイミングの分散がメインとなります。また、新NISAでは米国株も購入対象になるため、地域の分散も可能になります。

相場はずっと上昇するわけではありません。上昇と下落を繰り返しながら推移していきます。今年は順調でも、来年はコロナショックやリーマンショックのような**予想外の急落が起きる可能性もあります。**

資産形成において重要なのは、想定外の事態に備えてリスクを減らすことです。

分散投資の一例

金融商品の分散

１つの金融商品だけでなく、複数の金融商品に分散させることで、どれか１つが下落しても他でカバーできます。例えば、株式だけでなく、債券や金現物などにも投資すれば、株式が下落しても債券や金現物で下落分を相殺できる可能性があります。

銘柄の分散

１つの銘柄だけに投資するのではなく、さまざまな銘柄に分散して投資します。例えば、任天堂、三菱商事、三井住友銀行、ヒューリックの株式を購入することで、どこかの業界が下落しても、他の業界でカバーする方法です。それぞれに関連性が無い方がより効果があります。

地域の分散

他の国や地域の金融商品に分散させる方法もあります。例えば、日本株や円に投資するだけでなく、米国株や米ドルに投資することで、日本株や円が下落しても米国株や米ドルでカバーするという考え方です。

タイミングの分散

一括で投資するのではなく、分割で投資するのも分散投資です。安い時に多めに購入し、高い時は購入数を減らして平均購入単価を下げる「ドルコスト平均法」がタイミングを分散させる代表的な手法です。

第2章 5

手軽に分散投資をするならインデックス型の投資信託

手軽に分散投資をしたければ投資信託がおすすめ

分散投資でリスクが減らせるとはいうものの、自分でさまざまな銘柄を選んで何十、何百と買っていくのは大変だと思います。

特に投資初心者にとっては、どの銘柄が優れているのか、どのような業界に投資をするのか、購入するタイミングはいつにするかなど、1つ1つ分析していくのは非常にハードルが高いです。

手軽に分散投資をしたいのであれば、投資信託がおすすめです。

投資信託とは、投資家から集めた資金を、専門家が投資家の代わりに運用してくれる金融商品の1つです。

投資先は株式や債券、不動産など多岐にわたり、その運用による利益が投資家に分配されます。投資額が大きいほど分配も多くなります。

複数の投資家から集めた資金をプロが運用するため、投資の初心者や個別銘柄に投資して、値下がりするリスクを避けたい方などにはおすすめです。当然、損失は自分の責任であることを心得た上で検討する必要があります。

市場連動型の投信「インデックス投資」

投資信託は、複数の投資商品や銘柄に分散投資されているものがほとんどです。イメージとしては、複数の銘柄をパッケージにして販売しているものを購入する形です。

特に、**市場の成長に合わせて運用をしてくれるインデックス型の投資信託は信託報酬という手数料も安い傾向があり、長期投資向けです。**

例えば、インデックス型の投資信託には、米国の株価指数であるS&P500に連動する投資信託があります。

S&P500は米国の代表的な500銘柄の株価を基に算出されている株価指数のため、S&P500に連動する投資信託を購入すれば、米国の上場企業500社に間接的に分散投資ができるという考え方です。

S&P500以外にも、株価指数などに連動するインデックスファンドや、株や債券、REITといった不動産関連の投資信託など、複数の投資商品に分散投資するバランス型投資信託を購入すれば、初心者でも手軽に分散投資ができます。

また、投資信託は100円から購入できる銘柄もあり、少額投資ができる点も大きな魅力です。

アクティブ型の投資信託は手数料が高め

一方、銀行や証券会社の営業マンに提案されるものの中には、アクティブ型の投資信託というものがあります。

プロがより手間暇を掛けて運用するため、手数料が高いものが多くあります。

同じような投資先で運用する投資信託であっても、信託報酬が大きく異なることも多いので、投資信託を選ぶ際には必ず「信託報酬」を確認して購入商品を選定するようにしてください。

しかし、優秀なアクティブ型ファンドであれば、より大きなリターンを見込むことができます。

投資初心者の方や、銘柄選びに自信が無いという方は、手数料が安く比較的リスクの低いインデックス投資がおすすめ！

投資信託のイメージ

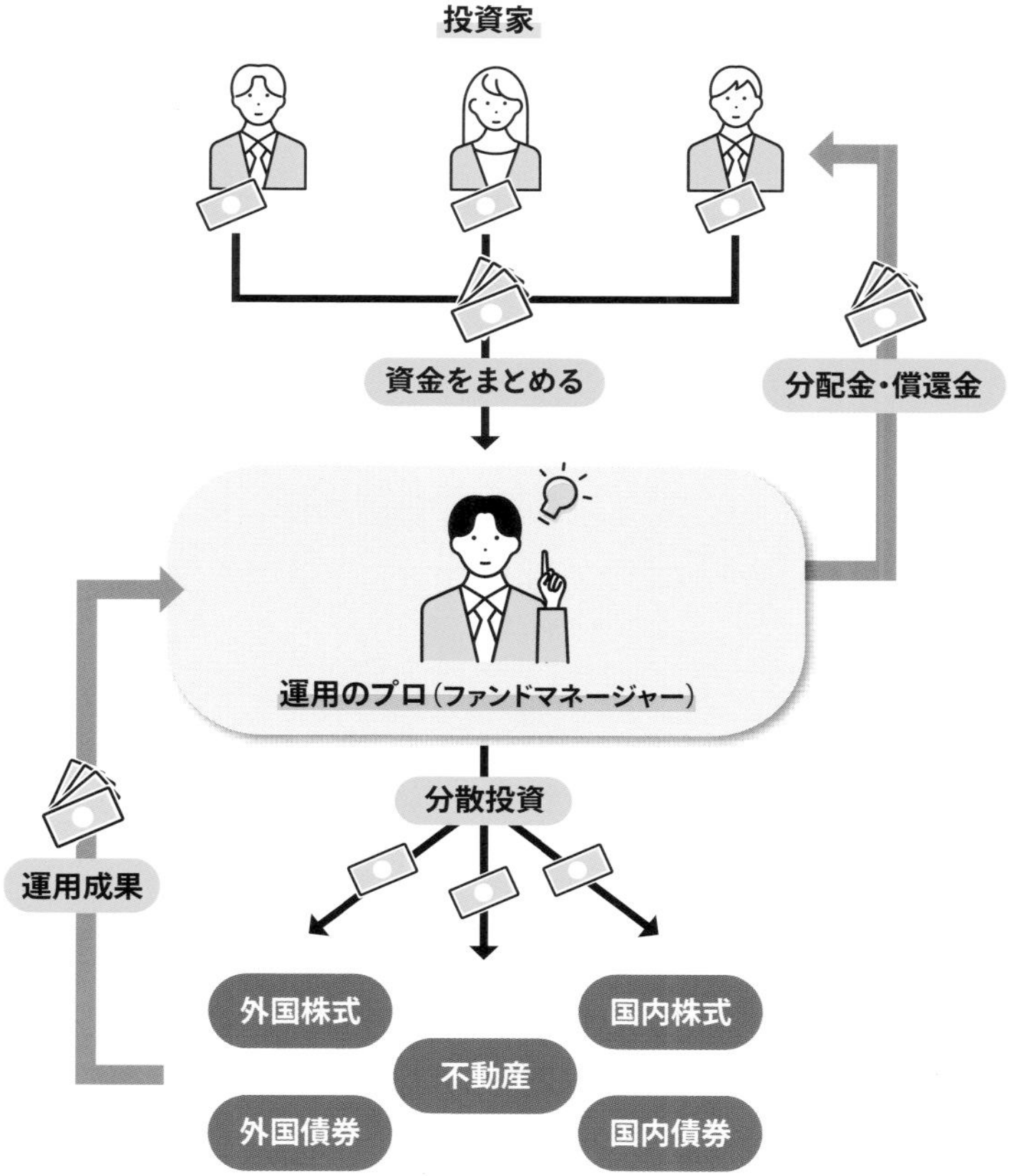

投資信託は、投資家から集めた資金をまとめ、株式や債券などに投資・運用します。さまざまな金融商品に投資するため、投資信託を購入すると間接的に分散投資をすることになります。運用は専門家が行ってくれるため、投資家は分析や銘柄選定などをする必要がなく、ほったらかしでも問題ありません。

第2章 6

長期投資は実はリスクが高い側面も？ 定額積立投資でリスクヘッジをすること

「取り合えず長期投資」が危険な理由

長期投資は実は、リスクが高い投資手法です。ネットでは長期投資が安全だという情報が多いので誤解している人も多いのですが、そんなことはありません。

例えば、日本においてはアベノミクスが始まった2012年末頃から米国株や日本株を買って、10年放置していれば、何事もなく大きな利益が得られていたでしょうし、米国株S&P500においても、ここ40年は上昇し続けているので、長期投資は安心だという誤解がされています。

しかし、逆の方向に相場が動いていれば、大きな損失を長期で育てているという恐ろしい結果になったかもしれません。

長期投資で成功する鍵は、その国の経済成長、人口成長、マネーの増加です。その条件が崩れるのは、外部環境によるものであり、今、好調であっても、この傾向が崩れない保証などありません。

自分で結果をコントロールできない長期投資に依存しすぎるのはリスクが高い理由はこれですが、それでも、長期投資が王道的な投資であることには変わりはありません。

リスク分散の基本「ドルコスト平均法」

長期投資のリスクを回避するための方法として、「毎月定額の投資金を長年継続して積み立てる」というものがあります。専門用語では「ドルコスト平均法」と言います。

例えば、1か月ごとに1万円ほど投資信託を購入するといったように、決まった日に指定した金額を購入します。買付する商品を選択し、日付や金額などを設定しておくだけで自動購入してくれるネット証券も多いです。

なぜこれがリスクヘッジになるかというと、定期的に一定額を投資することで、市場の価格変動に左右されずに資産を積み立てることができるからです。

相場は常に動きます。そのため、同じ口数を定期的に購入する方法では、為替の関係で、価格が安い時はメリットがありますが、反対に価格が高くなった時に不利になってしまいます。

一方で、同じ金額で定期的に購入する方法だと、価格が安い時は買う数量が大きくなり、価格が高い時は買う数量が小さくなります。

例えば、100万円分を定期購入する場合は、100円時は1万口で、80円に値下がりすると1万2500口となり、120円時は8333口となります。

このように、安い時に多く買い、高い時の購入を抑えて平均購入単価を下げるため、価格変動が起きてもダメージを低減させることが可能です。

ドルコスト平均法とは

- ☑ 一定数ではなく一定額で定期的に購入する取引手法
- ☑ 安い時に多く買い、高い時の購入を抑えられ、平均購入価格が平均化され、価格変動リスクを軽減できる

ドルコスト平均法の例

一定額での購入

	購入金額	価格	購入数
1か月目	100万円	100円	1万口
2か月目	100万円	110円	9090口
3か月目	100万円	120円	8333口
4か月目	100万円	100円	1万口
5か月目	100万円	80円	1万2500口
合計	500万円		4万9923口

平均購入単価

500万円÷4万9923口

=100.15円

一定購入数での購入

	購入金額	価格	購入数
1か月目	100万円	100円	1万口
2か月目	110万円	110円	1万口
3か月目	120万円	120円	1万口
4か月目	100万円	100円	1万口
5か月目	80万円	80円	1万口
合計	510万円		5万口

平均購入単価

510万円÷5万口

=102円

一定額を購入するドルコスト平均法の方が
平均購入単価は低くなり、
相場が下落した際の損失を軽減できる

第2章
7
長期投資の3つのキーワード「長期・分散・低コスト」

長期投資には辛抱強さが必要

投資には「中央銀行や政府の政策、市場経済の影響」など、私たち個人投資家がコントロールできない相場を変動させる要因が大きく影響します。

しかし、投資をすることなく「給与所得を全て預貯金に蓄える」ということを続けていると、老後の資金が不足してしまう人も少なくないでしょう。

これからの時代、会社員が定年退職後にある程度経済的に自由に生活をしていくためには、長期投資は誰もが人生設計に組み入れておくべき必要な対応と言えます。

株式投資における長期投資のリターンの源泉は「株式市場に上場している企業が利益を生み出すこと」です。

普段、お仕事をされている方ならわかると思いますが、企業が1つのサービスを企画し、時に事業投資し、人材や環境を整え、営業や宣伝をして潤沢な利益を得るには、時間が掛かります。

早く利益が欲しい気持ちにもなりますが、長期投資に回す資金からのリターンには時間が掛かることを理解し、仮に一時的な含み益の減少があった場合にも、我慢して保有する決意が必要になります。

分散投資はリスク回避の定石

さらに、「卵を1つの籠に盛るな」という投資の世界の金言にもあるように、分散投資をすることで、リスク回避がしやすくなります。

もちろん、市場全体が暴落するような時にはいくら分散投資をしても損失は拡大しますが、1つの企業に集中投資をするよりは、リスクが軽減されるものです。

そして、投資信託をする場合には忘れてはならないのが「信託報酬」と呼ばれるコストです。

例えば、インド市場の成長に目を付けたとして、「インド市場への投資信託」を買う場合であっても、提供している証券会社、そして、商品によって信託報酬は雲泥の差がある場合があります。

信託報酬が高額だと、長期で運用すればするほど、コストがかさんでいきます。「分散投資効果があるインデックスファンド（インデックス型の投資信託）であり、その中でも信託報酬等の手数料が安いもの」を選ぶようにしてください。

卵を１つの籠に盛るな

集中投資

１つの籠に
盛っておくと…。

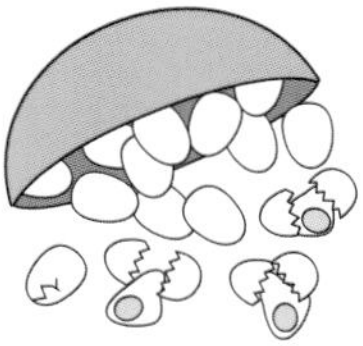

全部割れてしまいます。

分散投資

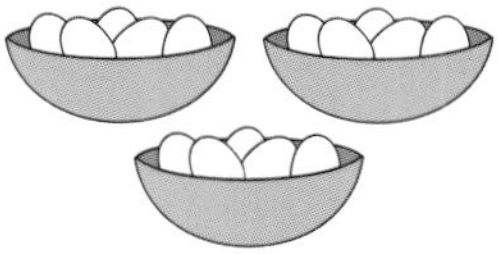

複数の籠に
分けておくと…。

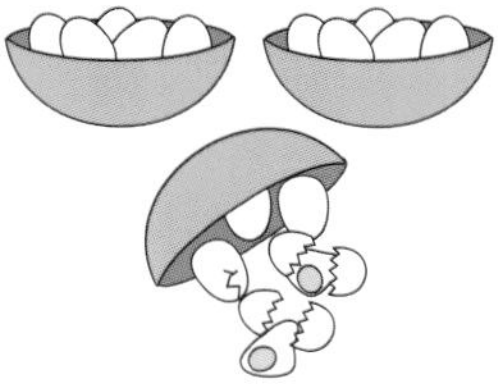

割れるのは一部だけ。

投資対象を複数に分散することで、リスクを抑えることができます。例えば、日系企業の１つの業界に集中投資を続けていると、ある特定の企業が不祥事を起こした際などは、同業他社の会社も株価が下落してしまうことがあります。さまざまな業種や国に投資をすることが、リスクの低減につながります。

第2章
8

知らないと絶対にマズい投資信託に掛かるコスト

投資信託は3つのコストが発生する

投資信託は、証券会社を通じて、プロがあなたの代わりに運用をしてくれるタイプの金融商品ですが、証券会社を通じて自分の判断で個別株を買う時に比べて、さまざまなコストが掛かるなどの注意点があるので、覚えておきましょう。

投資信託には、主に3つのコスト（手数料）が掛かります。1つ目は「買う時」に掛かる「購入時手数料」、2つ目は「保有中」に掛かる「運用管理費用（信託報酬）」、3つ目は「売る時」に掛かる「信託財産留保額」です。

なお、「購入時手数料」は、投資する金額の「0〜3％」の金額になるのが一般的です。

新NISAのつみたて投資枠の対象となる投資信託はノーロードと呼ばれ購入時手数料が原則として無料です。これは販売会社に支払うものです。

これらのコストは投資信託の種類や提供会社によって異なります。これらのコストをよく理解し、自身の投資目標やリスク許容度に合った投資信託を選択することが重要です。

投資信託に掛かる手数料

買う時

購入時手数料

投資信託を買う時に
かかる手数料

保有中

運用管理費用（信託報酬）

投資信託を保有している間
ずっと支払う手数料

売る時

信託財産留保額

投資信託を解約する時に
かかる手数料

運用管理費用（信託報酬）は必ずチェック

実際に運用が始まってから、投資信託を保有している最中に掛かるコストを「運用管理費用（信託報酬）」と呼びます。

運用している金額（純資産総額）に対して、年利0・1〜3％程度が掛かります。これは、販売会社、運用会社、信託銀行に支払うものになります。

仮に、新NISAのつみたて投資枠の上限額である年120万円の積立を想定すると、数百万円の差になることがあります。運用管理費用（信託報酬）は「どの銘柄を選ぶかに匹敵するほど重要」です。

最後は、信託財産留保額というコストです。これは、投資信託を解約する（売る）時に掛かり、解約金額の0・3％程度を負担する必要があります。解約時の基準価額（投資信託の価格）に対して、最大何％などと定められています。

このように、投資信託のコストは、年間で考えれば少額でも、投資期間が長くなればなるほどかさんでいきます。とりわけ、多くの人が新NISAでは、長期を見据えた積立投資を行うことになると思いますので、十分に注意する必要があります。

第3章

新NISAでゼロから投資を始める手順の完全ガイド

第3章 1

超簡単！証券口座をつくる6ステップ

「新NISA」は証券会社から購入するのが一般的

新NISAを始めるには、基本的には証券会社に口座を開設する必要があります。証券会社には大きく分けると「ネット証券」「店舗型証券」があり、基本的にどちらかを選ぶ必要があります。

なお、証券会社以外でも、投資を始めることができます。

例えば銀行や郵便局でも投資信託の購入は可能です。また、保険会社が販売している保険商品であっても運用型の商品もあります。

しかし、「投資で資産を構築する」ことや「投資で年単位で利益を狙う」ことが目的であれば、証券会社経由で株や投資信託を買う方が効率的です。

「新NISA」購入はネット証券が◯ 超簡単・6つのステップ

株式投資やNISAを取引するには証券会社に口座開設をする必要があります。難しいことはなく、たった6つのステップで取引を開始できます。

口座開設から取引までの流れは次の通りです。

①証券会社に口座開設の申し込みを行う
②個人情報を入力する
③必要書類を提出する
④審査に通過するのを待つ
⑤口座開設完了通知を受領する
⑥開設した口座に入金する

難しい操作などはありません。普段、インターネットを使い慣れている方であれば、口座開設は簡単に行えます。

ただし、「一般口座」と「特定口座」などの聞き慣れない単語が出てくるため、戸惑うかもしれません(後述します)。

また、**必要書類として本人確認書類やマイナンバー確認書類が求められます。**

そのあたりもふまえて、口座開設の流れと、どんな書類が必要なのかを解説していきます。

①証券会社に口座開設の申し込みを行う

まずは、証券会社に口座開設の申し込みを行います。開設したい証券会社をインターネットで検索し、公式ホームページを開きます。

証券会社の公式ホームページに「口座開設はこちら」や「口座開設」といったページがあるので、クリックします。

なお、昨今では店舗型証券会社でもホームページから口座開設の申し込みができるようになっています。

②個人情報を入力する

「口座開設はこちら」や「口座開設」をクリックしたら、メールアドレスの登録をします。

登録したメールアドレス宛てに口座開設申込の案内が届くので、メールに記載されたURLから口座開設申込フォームを開き、名前、生年月日、住所、連絡先、職業などの必要事項を記入します。

メールアドレスの登録をせずに、すぐに口座開設申込フォームが表示される証券会社もあるので、その場合も必要事項を記入していきます。

郵送で口座開設をする場合は、取り寄せた口座開設申込書に必要事項を記入しましょう。

③必要書類を提出する

必要事項への記入が終わったら、次は必要書類の提出です。アップロードする方法と郵送する方法がありますが、アップロードする方が口座開設にかかる時間が短くなるので、おすすめです。

必要な書類は本人確認書類とマイナンバー確認書類です。具体的には次の書類になります。

・本人確認書類

運転免許証、パスポート、住民基本台帳カード、住民票、健康保険証など

※外国籍の人は在留カード

・マイナンバー確認書類

マイナンバーカード、マイナンバー通知カー

ドなど

新NISAの証券口座の開設には、マイナンバーの提出が必須です。

なお、「eKYC」というスマホから本人確認を行うシステムを導入している証券会社もあります。スマホで確認書類を提出することができ、最短で即日から口座開設を完了できます。

SBI証券、楽天証券、マネックス証券は「eKYC」が利用できます。

④審査に通過するのを待つ

必要書類を提出したあとは、審査に通過するのを待ちます。ただし、審査は必ず通るとは限らず、審査に落ちてしまい、証券口座をつくれない可能性もあります。

⑤口座開設完了通知を受領する

審査に通過したら、口座申し込み時に登録したメールアドレスに口座開設通知メール、もしくは郵送で口座開設完了通知が届きます。

ログインIDやパスワードが記載されているので、それを使って口座にログインしましょう。

⑥開設した口座に入金する

口座にログインして初期設定を完了後、口座に入金したら取引ができるようになります。投資商品を購入する前に、必ず運用方法や投資商品の情報について入念に確認してから取引を開始しましょう。

新NISA口座の開設自体は、煩雑な申し込みや難しい操作などはありません。ただし、具体的な要件や手続きは金融機関によって異なります。

口座開設前には各金融機関の公式ウェブサイトを確認するか、サポートセンターに問い合わせるなどしておくとよいでしょう。

証券口座の開設は投資の第1歩！
インターネット上で手軽に開設できるので、
まずはここからトライしてみよう。

証券会社に口座開設をする方法

一昔前の口座開設方法	→	店舗に足を運び、口座開設手続きをする必要があった
現在の口座開設方法	→	インターネットにつながっていれば自宅から手続きが可能

手軽に口座開設手続きができる時代になっている!

証券口座のまとめ

- ☑ インターネットから口座開設の申し込みができる
- ☑ 口座開設には本人確認書類とマイナンバー確認書類が必要
- ☑ 審査は必ず通過するわけではなく、審査に落ちることもある
- ☑ 複数開設が可能
- ☑ 口座開設をして取引しなくてもペナルティーはない
- ☑ 口座開設に費用はかからない
- ☑ 維持費などのコストも発生しない

投資初心者におすすめはSBI証券と楽天証券

初心者にはネット証券がおすすめ

ネット証券は数十社あります。もちろん、各社にそれぞれ特徴があり、どの証券会社が良いか迷ってしまうかもしれません。

よく考えずに証券会社を選んでしまうと、目当ての投資商品を購入できなかったり、他の証券会社を開設しておけば獲得できたはずのポイントを逃してしまったりと、想定外のことが生じる可能性があります。

そこで、私が選んだ「投資初心者はこの証券会社を使えば問題なし！」というおすすめの証券会社を紹介します。全てネット証券ですが、コストが安く、それでいて投資初心者から上級者まで使いやすいという証券会社です。

おすすめの証券会社は、次の3社です。

・SBI証券
・楽天証券
・マネックス証券

この3社のうち、SBI証券と楽天証券は初心者が使いやすく、お得なサービスが多いです。一方で、マネックス証券は投資経験者向けのサービスが多いですが、米国株に強く、米国企業の決算情報などが掲載されているため、米国株投資をやってみたい人におすすめです。

店舗型証券会社とネット証券の差

	店舗型証券会社	ネット証券
口座開設や売買の方法	口座開設は店舗もしくはインターネットで可能。売買注文は基本的に担当者を通じて行う。ネットで発注可能な店舗型証券会社も多くなっている	口座開設はインターネットで完結可能。売買もネット上で発注でき、口座開設から売買までをネットで全て完結可能
コスト	ネット証券と比較すると高価	店舗型証券と比較すると安価で取引可能
メリット	・担当者に投資方針を相談できる ・担当者と仲良くなればおすすめの銘柄やIPO銘柄を紹介してもらえる	・インターネットにつながっていればいつでも注文や入金が可能 ・手数料が安い
デメリット	・担当者の言いなりになる可能性がある ・手数料が高い	・インターネットにつながっていなければ取引できない ・分析から発注まで全て自分で行う必要がある
商品の種類	ネット証券と比較すると少ないが、担当者と仲良くなるとIPO銘柄などを回してもらえる可能性もある	店舗型証券会社と比較すると種類が豊富。その分、多くの種類の中から自分で銘柄を選ぶ必要がある
特徴	店舗を構えている証券会社。インターネットが普及する前から営業している証券会社が多い。基本的に担当者がつくため、運用方針や銘柄などを相談できるメリットがある。売買も担当者を通して行うが、昨今ではネットから発注できる店舗型証券会社も増えている。取引コストは高め	実店舗を構えておらず、口座開設から発注までをインターネットから行うことが可能な証券会社。担当者がいないため、銘柄選びから分析、発注までを自分で行う必要がある。担当者がつかないため店舗型証券会社よりもコストが安く、投資商品も豊富なのがメリット

SBI証券VS楽天証券VSマネックス証券

ここでは、もう少し突っ込んで、それぞれの証券会社にどのような特徴があるのかを紹介していきましょう。

なお、本書執筆時点とサービスの内容が変わることがあるので、その点は各社のホームページ等をご参照ください。

・SBI証券

株式、投資信託、米国株、債券、CFDなど幅広い投資商品を揃えており、初心者から上級者まで人気を集めているネット証券の代表的な1社がSBI証券です。取引に必要となる基本的なサービスを網羅しており、取引コストも安く、取り扱っている株式や投資信託の銘柄数も多いため、初心者におすすめです。

また、SBI証券では取引に応じてTポイントやVポイントなどの各種ポイントが付与されます。

投資信託の残高に応じて毎月ポイント（投信マイレージ）がもらえるサービスや、SBI証券と提携しているクレジットカードで投資信託の定期買付ができる「クレカ積立」を利用すればVポイントがもらえるサービスがあります。

また、SBI証券と提携している銀行を利用すると、金利が上昇するサービスも大きな特徴。特に、SBI新生銀行の円普通預金口座とSBI証券の証券総合口座を連携させると金利が年利0・1％となる大きなメリットがあります。

SBI証券は使いやすさとコスト面から、投資初心者には特におすすめの証券会社です。

・楽天証券

楽天グループに属している証券会社で、株式やFX、債券など投資商品が豊富です。

SBI証券と同じく、取引に必須な基本的サービスは揃っており、取引コストも安いため、初心者から上級者までおすすめのネット証券です。

ここは、今後成長期待が大きいインド株投資に魅力ある銘柄も多いです。また、楽天証券もポイント付与サービスが整っていることが大きなメリット。株式や投資信託などの取引に応じて楽天ポイントが貯まります。

貯まった楽天ポイントは楽天市場での買い物だけでなく、ポイントを使って株式や投資信託を購入できるのもうれしい点。さらに、楽天カードを利用した投資信託の積立でもポイント還元がされます。

そして、銀行との提携もメリットがあります。楽天銀行の口座と提携する「マネーブリッジ」を利用すると、楽天銀行の普通預金で最大年0・1％の優遇金利を受けられます。

ただし、SBI証券と比較すると外国株式の銘柄が少ない点には注意が必要です。

使いやすさやコストの安さも大きな利点ですが、一番はやはりポイントです。楽天カードや楽天市場、楽天銀行など、楽天のサービスを日常的に活用している人は大きなメリットを受けられるため、楽天証券がおすすめです。

・マネックス証券

マネックス証券はネット証券で大手に入る証券会社です。

SBI証券や楽天証券よりも投資経験者向けのサービスが多いですが、特に米国株に強く、銘柄が非常に豊富なので、投資信託以外に米国株に投資したい人におすすめです。

マネックスカードで投資信託の積立や投資信託を持っているだけで「マネックスポイント」が貯まるサービスもあり、投資信託の運用を考えている人にメリットがあります。

口座開設費用や口座維持費などは発生しないため、口座開設しておいても損はありません。

NISA口座は1人につき1つの金融機関でしか開設不可

証券口座自体は複数の会社で口座開設が可能ですが、NISA口座は原則1人につき1社までで、複数の会社のNISA口座で同時に運用することはできません。

金融機関は1年単位で変更可能ですが、基本的に変更前のNISA口座で保有していた商品は変更先の新しいNISA口座に移すことはできません。

おすすめの証券会社

SBI証券

投資信託の取引手数料	買付手数料は無料
投資可能商品	日本株、米国株、投資信託、債券、CFD、FXなど
投資信託の種類	2600種類以上
ポイントサービス	Tポイント、Vポイント他

出典:SBI証券

個人投資家の圧倒的な支持を集めているネット証券会社。多くの投資商品を提供しており、取引に必要な基本的サービスも網羅しているため、投資初心者におすすめ。投資信託を保有しているとポイントが貯まる「投信マイレージ」もお得。

楽天証券

投資信託の取引手数料	買付手数料は無料
投資可能商品	日本株、米国株、投資信託、債券、CFD、FXなど
投資信託の種類	2600種類以上
ポイントサービス	楽天ポイント

出典:楽天証券

楽天グループの一員で、SBI証券と同じく個人投資家から圧倒的な支持を集めているネット証券会社です。こちらも投資商品の種類が豊富でコストも安く、取引に必要な機能は全て備えています。また、取引に応じて楽天ポイントがもらえるサービスもあるので、楽天経済圏の人には特におすすめです。

マネックス証券

投資信託の取引手数料	買付手数料は無料
投資可能商品	日本株、米国株、投資信託、債券、FXなど
投資信託の種類	1500種類以上
ポイントサービス	マネックスポイント

出典:マネックス証券

マネックス証券は米国株や中国株に強いネット証券会社です。初心者向けではありませんが、米国株の銘柄が非常に豊富なので、投資信託以外に米国株、あるいは中国株に投資したい人におすすめです。投資や他社ポイントサービスと交換できる「マネックスポイント」がもらえるサービスもあります。

第3章 3

確定申告が面倒な人は「特定口座（源泉徴収あり）」がおすすめ

1度はつまずく「特定口座」「一般口座」

証券口座を開設する際に、特定口座と一般口座を選択する項目があります。

特定口座と一般口座はあまり聞いたことのない単語のため、どう違うのか、どちらが良いのか迷ってしまうかもしれません。

ここでは、特定口座と一般口座の違いについて解説していきます。

・特定口座（源泉徴収なし）

特定口座は証券会社が年間取引報告書を交付してくれる口座です。

年間取引報告書とは、証券会社が1年間における取引の損益を計算し、その内容をまとめた書類で、確定申告時はこれを基に納税すれば良くなります。

投資の損益については確定申告が必要です。そのためには1年間の取引において、どのくらいの利益を出し、どのくらいの損失が出たのかを計算する必要があります。

つまり、特定口座にしておけば、年間取引報告書で1年間の損益を計算する必要がなくなるので、1年間の取引をまとめる手間と時間がなくなり、非常に楽になります。

ただし、特定口座には特定口座（源泉徴収あり）と特定口座（源泉徴収なし）の2種類から選ぶ場合があります。

特定口座（源泉徴収なし）なら自分で確定申告をする必要があります。特定口座（源泉徴収あり）については、次の通りです。

・特定口座（源泉徴収あり）

特定口座（源泉徴収あり）は、証券会社が投資家に代わって売買損益から税金計算をして納税を行ってくれます。確定申告が不要であるため、投資初心者や確定申告が面倒という方にはおすすめです。

ただし、先物取引、FX、CFDなどは特定口座の制度がないので、年間20万円以上の利益が出た場合や損益通算をしたい場合などは、自分で確定申告を行う必要があります。また、株式投資との損益通算もできないので注意が必要です。

単に特定口座と書かれているだけの証券会社もありますが、**特定口座（源泉徴収なし）と表記されている方を選ぶと、確定申告自体は自分で行う必要があるので注意しましょう。**

・一般口座

一般口座では証券会社は年間取引報告書を作成しないため、確定申告を自身でする必要があります。**つまり、自分で1年間の損益を計算し、確定申告を行わなければいけない**ということです。

投資経験者でも自分で確定申告をするのは手間や時間が掛かるため、非常に面倒と感じます。投資初心者にとっては、税金計算や確定申告書類の作成が負担になり投資に対する熱意を失ってしまう可能性があります。

　そのため、投資初心者は証券会社が源泉徴収をしてくれる特定口座（源泉徴収あり）がおすすめです。

確定申告などの手間を考慮すると、初心者は圧倒的に特定口座（源泉徴収あり）をおすすめします！

特定口座と一般口座の違い

☑ 一般口座とは

特定口座やNISA口座で管理していない上場株式などを管理する口座です。自分で年間の損益を計算し、確定申告を行う必要があります。

☑ 特定口座（源泉徴収なし）とは

証券会社が年間の損益を計算し、それを記載した「年間取引報告書」を交付してくれます。確定申告自体は自身で行う必要がありますが、年間取引報告書を参考にできるため、自分で年間の損益を計算する必要がありません。

☑ 特定口座（源泉徴収あり）とは

証券会社が年間の損益を計算し、納税もしてくれます。自身で年間の損益を計算する必要も確定申告をする必要もないため、面倒な手続きをする必要がなくなるメリットがあります。

年間取引報告書とは

特定口座内で1年間の取引や配当金で得た利益や損失を計算し、その内容を記載した報告書です。証券会社が計算してくれるので、確定申告が非常に楽になります。

特定口座と一般口座のどっちが良いか？

投資初心者は証券会社が税金を納付してくれる特定口座（源泉徴収あり）がおすすめ！

第3章 4

投資信託を買う場合の注意点 プロの運用がわかる「目論見書」

目論見書とは、株式や投資信託などの重要事項について記載された書類です。

投資信託の目論見書には、ファンドの目的や何の指数との連動を目指すかなどの特徴、手数料、投資のリスク、運用実績などが記載されています。

自分がどんな投資信託を購入するのかを把握するのは重要です。

商品ページに目論見書へのリンクがある場合が多いので、必ず確認しましょう。なお、注文する画面の前に目論見書のリンクが表示される場合もあります。

投資は自己責任です。目論見書のチェックを確認します。

目論見書は大変でも自分の目で必ずチェックする

NISA口座を開設したら、次はいよいよ株式や投資信託を購入します。

まずは、投資商品のメニューから投資信託の売買ページを表示します。そして、購入したい銘柄を探し、NISAに対応しているかを確認します（購入サイト上でNISAで購入できる商品と他の投資商品を分けている証券会社もあります）。

NISAに対応していれば、次に目論見書を確認します。

は大変ですが、商品の特徴を把握する上では必要なことです。

投資信託購入時に確認しておきたいポイント4つ

投資信託の購入時に是非とも確認しておくべき項目があります。

それは、次の4点です。

①運用方針
②コスト面
③分配金の有無
④信託期限

これらは長期運用をするにあたって特に重要な部分になるので、しっかりと確認しておきましょう。

具体的に、どの部分に注目するべきかを解説していきます。

①運用方針

まずは、運用方針です。**インデックス運用なのか、アクティブ運用なのかをしっかりと確認しましょう。**

インデックス運用は株価指数との連動を目指す運用方法で、アクティブ運用は目安となる指数を上回る成績を目指す運用方法です。

インデックス運用型の投資信託を買うつもりがアクティブ運用型の投資信託を購入してしまうと、思わぬ損失となる可能性があります。

インデックス運用の投資信託の場合、目論

見書の補足分類の項目に「インデックス型」や、「〇〇指数との連動を目指す」のような形で記載されている場合が多いです。

また、証券会社の検索条件から「インデックス」や「インデックスファンド」で検索する方法もあります。

②コスト面

信託報酬がどのくらいなのかを確認するのは非常に重要です。

インデックスファンド（インデックス型の投資信託）なら0.1％〜0.2％の水準が1つの目安になると思います。

また、**購入時手数料が無料なのかも重要**です。購入時に手数料が発生してしまうと、購入するたびに手数料が掛かり、積立投資をする際に大きなマイナスになってしまいます。

そのため、購入時の手数料は無料なのかを確認するのは重要なポイントです。

私がおすすめしている銘柄は基本的に購入時手数料が無料の銘柄になると思います。

③分配金の有無

投資先の投資信託が分配金を出すか出さないかも重要な点です。

投資信託の利益には、運用で得た利益を分配金として投資家に還元する「分配型」と、運用で得た利益を分配金として出さずに再投資を行う「無分配型」があります。

長期投資をする上では、分配金を出さない「無分配型」の投資信託の方がメリットは大きくなります。

分配金を受け取れば現金が増えるという点はメリットです。しかし、分配金は投資信託の純資産から支払われます。つまり、運用資産が減るということです。

複利効果を最大化させるという意味では、分配金を出さない投資信託の方がおすすめです。

複利とは、運用で得た利益を元本にプラスして再投資を行い、より大きな運用資金で大きな利益を目指していく運用方法です。

途中で分配金を出してしまうと、投資効率が悪くなるので、長期投資をするのであれば、分配金を出さない無分配型の投資信託がおすすめです。

また、注文時に再投資するコースを選択すると、分配金が自動的に再投資されるので、再投資コースを選択すると良いと思います。

再投資の詳細については、取引する証券会社のサポートセンターなどで確認しましょう。

④信託期限

そして、信託期限を確認しましょう。信託期限はその投資信託の運用期間のことです。

投資信託には、あらかじめ期間が区切られている銘柄と、期限が決まっていない無期限のものがあります。

例えば、信託期限が5年と区切られている投資信託は、運用を開始してから5年が経過したら運用が終了してしまう可能性が高いです。

長期運用を目指すのであれば、無期限の投資信託を選びましょう。

ただし、無期限でも運用が困難になれば終了する可能性もあります。また、信託期間が終了しても延長されるケースもあります。信託期限は商品ページや目論見書で確認できます。

自身が購入する投資信託の内容を確認し、問題ないと思ったのなら実際に購入しましょう。

購入方法は「スポット購入」と「積立購入」があります。「スポット購入」は自分が好きなタイミングで購入します。

「積立注文」は設定した日時に、設定した金額で自動的に投資信託を購入していきます。

新ＮＩＳＡを利用する場合、つみたて投資枠だと積立購入しかできません。成長投資枠だと、「スポット購入」と「積立購入」の両方が可能です。

新ＮＩＳＡではつみたて投資枠と成長投資枠は併用可能なので、自身の投資スタイルや投資金額に合わせて購入方法を決めましょう。

投資は自己責任！
目論見書には必ず目を通しましょう！

投資信託を購入する前に目論見書を確認しよう

目論見書とは

投資信託（ファンド）の目的や特徴、手数料、リスクなど、
投資をする上で必要な重要事項が記された書類

↓

投資信託の購入前に必ず確認しましょう

投資信託で最低限確認するべき項目

☑ **運用方針**

投資する投資信託がインデックス運用なのか、アクティブ運用なのかを確認しておきましょう。インデックス運用の場合、目論見書に「インデックス型」や、「○○指数との連動を目指す」のような形で記載されている場合があります。

☑ **コスト面**

信託報酬や購入時手数料といったコスト面も確認しましょう。信託報酬の目安としては、インデックスファンドなら0.1%～0.2%の水準だとコストが低めです。また、購入時手数料が無料の投資信託も多いので、できるだけ購入時手数料が無料のものを選んだ方が良いと思います。

☑ **分配金の有無**

分配金を出すか出さないかは重要です。分配金を出す「分配型」の投資信託だと投資効率が落ちるので、運用の利益を再投資に回す「無分配型」の投資信託がおすすめです。また、注文時に再投資するコースを選択すると、自動的に再投資されます。

☑ **信託期限**

運用に期限があるのかも確認しましょう。長期投資を目指すなら無期限の投資信託を選びましょう。ただし、無期限でも運用が困難な状況になれば途中で運用が終了する可能性もありますし、期限のある場合でも延長となるケースもあります。

第3章 5

株や投資信託の売り時と売り方

投資信託（ETFを除く）はリアルタイムで売買できないので注意

株や投資信託は購入したらずっと保有する必要はなく、自分の好きなタイミングでいつでも売却することができます。

極端な話、**購入してから1週間後に購入時よりも基準価格が上がっていたら売却して利益を得ることも可能**です。

ただし、指数連動の投資信託など、リアルタイムで取引ができない商品もあることに注意が必要です。重要な指標発表を控えている など、即座に決済したい場合は、上場している投資信託（ETF）や、個別株の投資を選択することになります。

新NISAでは売却した投資枠は翌年に再利用できるので、投資できる枠の上限に到達したら売却し、翌年に新しい投資信託を購入するという方法も可能です。

個別株は新しい銘柄の購入も視野に入れて売却

個別株や投資信託の売却は簡単です。自分が保有している銘柄から売却したい銘柄を選択し、売却したい金額や口数（株数）を選び、発注すれば売却できます。

保有している全銘柄を全て売却することもできますし、一部だけ売却することも可能なので、自分のやりやすい形で売却できます。

売却の際の具体的なパソコンやスマホの操作方法は各証券会社によって異なるため、詳しい売却方法は自身が取引している証券会社のサポートセンターに問い合わせるか、ホームページで「売買の方法」の記載を確認してください。

株も投資信託も、長く持てば持つほど最高利益が得られるとも限らないので、目標利益が得られたら定期的に売却をし、新しい銘柄を買う等の選択肢も必要です。

証券会社によっては設定しておけば、投資信託を定期的に決まった分だけ自動で売却してくれるサービスもあります。例えば、楽天証券の「定期売却サービス」はＮＩＳＡにも対応しています。

成長投資枠は主に個別株で投資を行いますが、数か月から数年単位の成長株で年単位の利益を大きく稼ぎたい人は、安値圏で成長期待がある銘柄をしっかり探し、売買のタイミングを探るのが良いと思います。

つみたて投資枠で、長期投資を目的とする場合には、「購入時よりも上がったから売ろう」「○○ショックで下がったから売ろう」と相場状況で売却のタイミングを判断するのではなく、自分のライフプランに沿って売却するタイミングを判断する方が良いと思います。

投資信託の自動売却サービスもある

定期売却サービスを利用すれば…
運用も続けたいけれど
資金も定期的に必要？
毎月売却代金をもらいながら
運用も続けられる!
サービス概要
保有いただいている投資信託に受取日と受取方法を設定することで、毎月受取日に売却代金をお受取りいただけるサービスです。
ご利用の流れ
設定
START
ステップ1
銘柄を選ぶ
ステップ2
定期売却を
設定する
ステップ3
毎月売却
開始
ステップ4
毎月指定日に
売却代金を受取

出典:楽天証券

投資信託を設定した分だけ自動で売却してくれるサービスを提供している証券会社もあります。その中でも楽天証券の「定期売却サービス」はNISA口座にも対応しています。

第4章

まずはココから「つみたて投資枠」で長期投資を始めよう

新NISA口座開設完了！
ジャーン
新NISAの口座を開いたぞ！
…で、どうすればいいんですか？
あとはつみたて投資枠と成長投資枠を組み合わせながら投資するだけです！
つ、つみたて…？ 成長…？
つみたて？せいちょう？
聞いたことはあるけど、何が違うんでしょう？
つみたて投資枠
成長投資枠
とは？
説明しましょう！

成長投資
つみたて投資
個別株◎
個別株×
枠によって投資できる金額も違えば、
購入できる商品も違うんです
な、なるほど…！
ドドン！
だから枠によって、取るべき戦略が違ってくるんです！
戦略が変わる！
ええ…
やっぱりＮＩＳＡって難しそう…
心配しなくても大丈夫！
これから一緒に、枠ごとの違いを見ていきましょう！

第4章 1

プロが教える「資産が増える」新NISAつみたて投資枠の基本方針

長期投資は資産形成の基本にはなりますが、長年保有を続けていればリスクが低減されるかと言えば、全くそんなことはありません。

仮に長年成長を続けているインデックスであっても、これまで幸運が重なった結果、成長を継続できているにすぎず、明日暴落したまま数十年間、相場が戻らないという可能性もゼロではないのです。

「なぜ上(下)がったのか」を考える

これから資産を増やしたいのであれば、なと考える人もいます。

長期投資は資産形成の基本だが過信は危険

長期投資は資産構築において、資産形成の王道です。しかし、正しい考え方を知らないと「稼げる・増える」どころか、資産が減ってしまいます。

例えば、長期投資の「長期」とはあなたにとっては何年を指しますか？　実は「長期」の正しい定義はありません。

10年以上を指すこともあれば、20年、30年と考える人もいますし、5年でも十分長期だと考える人もいます。

ぜこれまで相場が上がり続けてきたのかを知り、今後もそれが継続するのかを予測しなければいけません。

例えば米国の代表的な指数である「S&P500」も1981年頃から2024年という約40年間は、さまざまな暴落を乗り越えて最高値を更新する形になっています。

これを根拠に「長期投資は安心だ」と考える人も多いですが、1970年頃から1980年にいたるまでは長期の横ばいになっていますし、1929年から1954年の約25年間は、最高値を全く更新していません。

要するに、長期投資を「何年と考えるか」によって、10年、20年単位の運用であってもタイミング次第で損をするのが長期投資だということになります。

さまざまなリスクをはらんでいる

長期投資においても、さまざまなリスクが存在します。景気の変動によって受ける「市場リスク」、特定の銘柄や産業の状況が変わることによる「銘柄リスク」、金利の変動が投資に影響を与える「金利リスク」など、数えれば枚挙にいとまがありません。

これらをふまえた上で、適切なリスク管理や資産の選定などを行うことで、リスクを最小限に抑えることができるのです。

「S&P500なら安心」はリスク

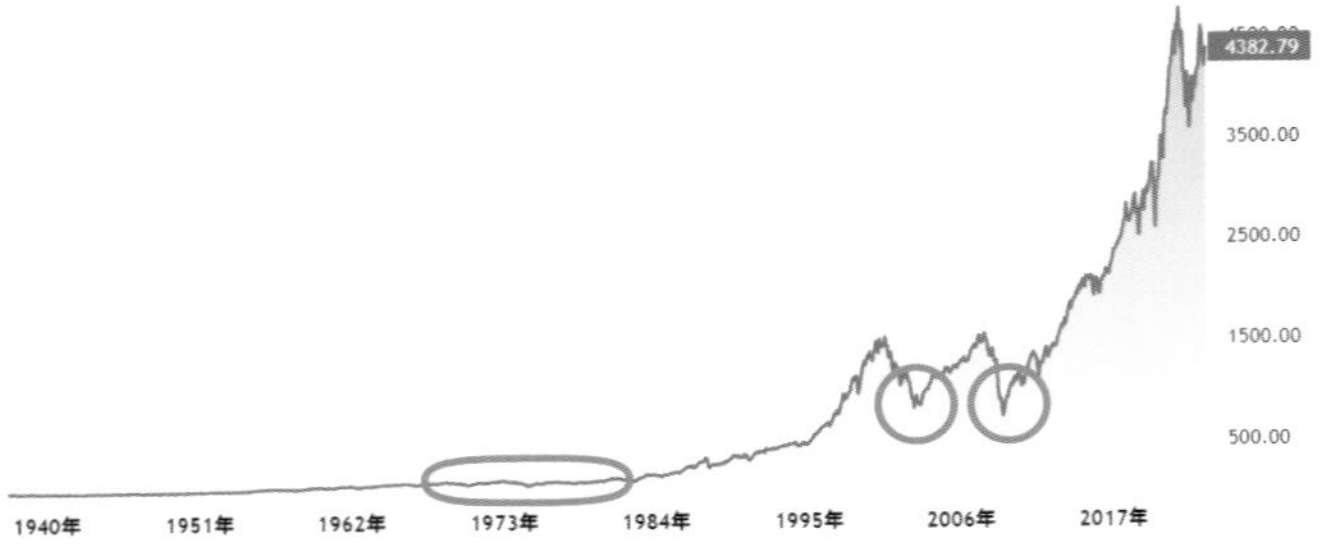

出典:Trading View

近年、手堅いインデックスとして話題のS&P500ですら、2000年代後半に急成長を遂げる前は、長い横ばい期間や急激な下落があった。

どんな投資商品でも、暴落のリスクはつきまといます。「長期投資」ではどれくらいの期間を見越すかが重要です！

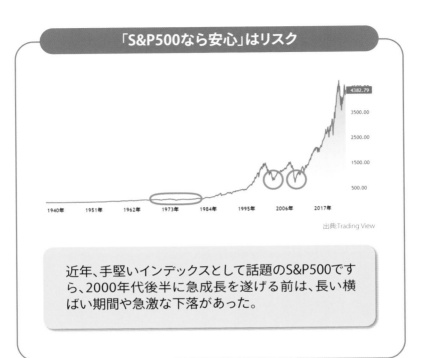

第4章
2

長期で「資産が増える」新NISAつみたて投資戦略の3条件

長期投資による資産形成の3条件

つみたて投資枠の利用は、長期投資が前提です。しかし、長期投資であれば何でもかんでも資産が増えるということではありません。長期で資産が増えるには、3つの条件を満たしていることが必要です。

3条件とはズバリ「経済成長、人口増加、マネーの増加」です。

長期上昇をしてきた米国株も、例外なく、この3条件が当てはまりますが、今後の米国株の長期上昇は保証されていませんので注意が必要です。

①経済成長

第1の条件は、投資対象とする国の「経済が成長している」ということです。経済が成長すれば、世界中から注目され、市場のマネーも増えます。

もちろん、数年に1度はどんな国でも「○○ショック」などの暴落が起こるものですが、すぐに株価が回復し、最高値を更新するなど、株価は長期的に右肩上がりになります。

②人口増加

第2の条件は、投資対象とする国の「人口増加」です。

人口増加があっても、発展途上国などはインフラ整備や地政学的リスクなどで不安があることもありますが、人口が増加すると、需要が増えることで消費が活性化し、これが経済成長を刺激する要因となります。

また、労働力が増加するため、生産性の向上や新しい産業の成長につながることが期待できます。

③マネーの増加

第3の条件は投資対象とする国の「マネーが増加している」ということです。言い換えると、中央銀行による「金融緩和政策」「利下げ・低金利政策」などが実行されているということです。

日本は、経済も成長しておらず、人口も成長していませんが、中央銀行による超低金利、金融緩和施策によって、アベノミクスを起点とした中長期の上昇相場を実現しました。

低金利によって、融資コストが低くなり、企業や消費者が資金調達しやすくなるため、投資を促進します。これが企業の生産拡大や消費者の支出増加につながり、経済が成長する可能性があります。

企業が低金利で資金を調達できるようになると、企業の収益力が向上し、これが株価の上昇や配当の増加につながり、株式投資家にとって魅力的な状況となります。

長期投資による資産増加の3条件

①経済成長

投資先の国の経済が成長しているかどうか。成長軌道に乗っていれば、暴落が起きた時でも株価が回復する可能性が高い。

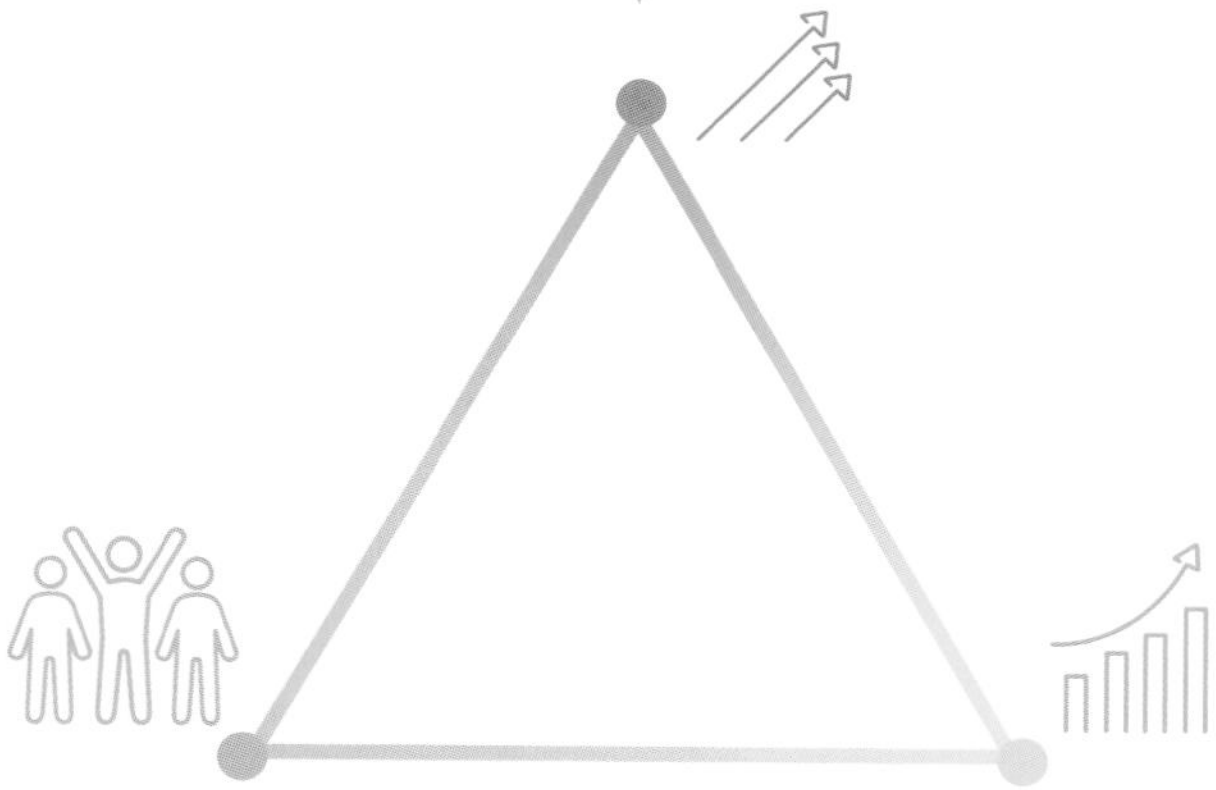

②人口増加

人口増加は経済成長に直結する可能性が高い。消費が増えていくため、企業の業績も伸びやすい。未整備のインフラや地政学的リスクには注意が必要。

③マネーの増加

中央銀行が「金融緩和」「利下げ・低金利政策」などを実行することで、金融市場にお金が増え、株価が上昇する一因となる。

第4章

3

新NISAの積立銘柄①
人口ボーナス期を狙え！ インド市場に投資しよう

インドの「人口ボーナス」に投資せよ

新NISAのつみたて投資枠で投資をしたい銘柄候補として、ズバリ検討するべきは「インドの投資信託」です。

インドは前節であげた「経済成長、人口増加、マネー増加」が今後も中長期で期待できる、最もおすすめの投資先です。

インドは世界で最も人口の多い国の1つで、若い労働力が豊富です。この若年人口が労働市場や経済に参加することで、今後、生産性の向上や経済成長にプラスの影響を与えます。

また、インフラ整備が急速に進んでいるインドは、都市化が進む中で中産階級の拡大が期待されています。中産階級の増加も人口の増加同様、消費の拡大や投資の促進などを通じて経済にプラスの影響を与える可能性があります。

多民族国家であるインドは、多種多様な労働力を有しており、異なる産業において必要なスキルや専門性を持った労働力を入手しやすく、グローバル経済の変化への適応力が高いことも期待されています。

経済成長が目覚ましいインドの投資先としての魅力

人口が多いということは消費が多いということです。

多くの国民が、その国の企業の商品やサービスを買うということなので、企業の業績が向上し、自ずと株価も上昇していく傾向にあります。一人当たりのGDPの拡大余地、優秀な人材の多さ、政府の強力な成長戦略も株価上昇にプラスに働きます。

インド市場に投資ができる銘柄としては、「iFreeNEXTインド株インデックス」「iTrustインド株式」などがあります。

なお、新NISAでは購入できませんが、より多くのリターンを望む場合には、リスクは高まりますが、「NZAM・レバレッジインド株式2倍ブル」というレバレッジ効果がある投資信託や、上場投資信託ETFの「ウィズダムツリー インド株収益ファンド(EPI)」もおすすめです。

インドは2027年にはGDP(国内総生産)で日本やドイツを抜き、世界3位になる予測があるほど、経済において目ざましい成長を遂げています。

インド株の個別銘柄を購入するには、NY市場に上場しているなどの条件が必要なので、ハードルが高いですが、インドのインデックス投資であれば、手軽かつ少額でインドの成長性に投資をすることができます。

是非、積立投資設定をしておきたい商品の1つです。

急速に成長するインド市場

インドの代表的な株価指数Nifty50

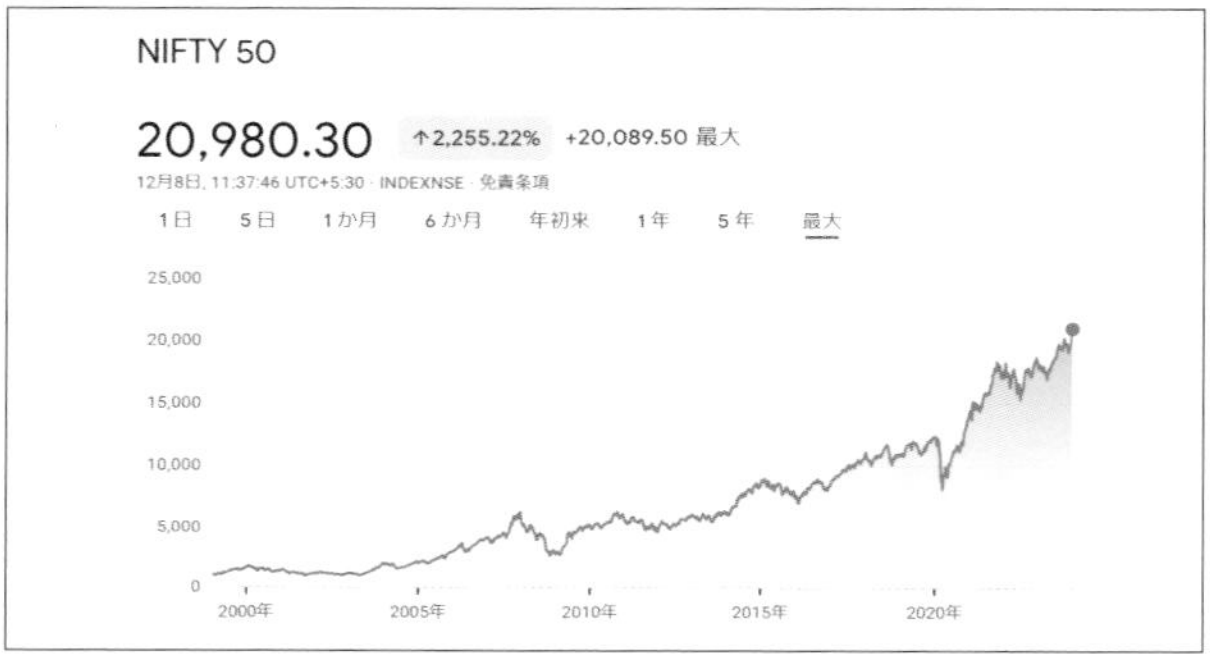

出典:iGoogleFinance

iFreeNEXT インド株インデックス

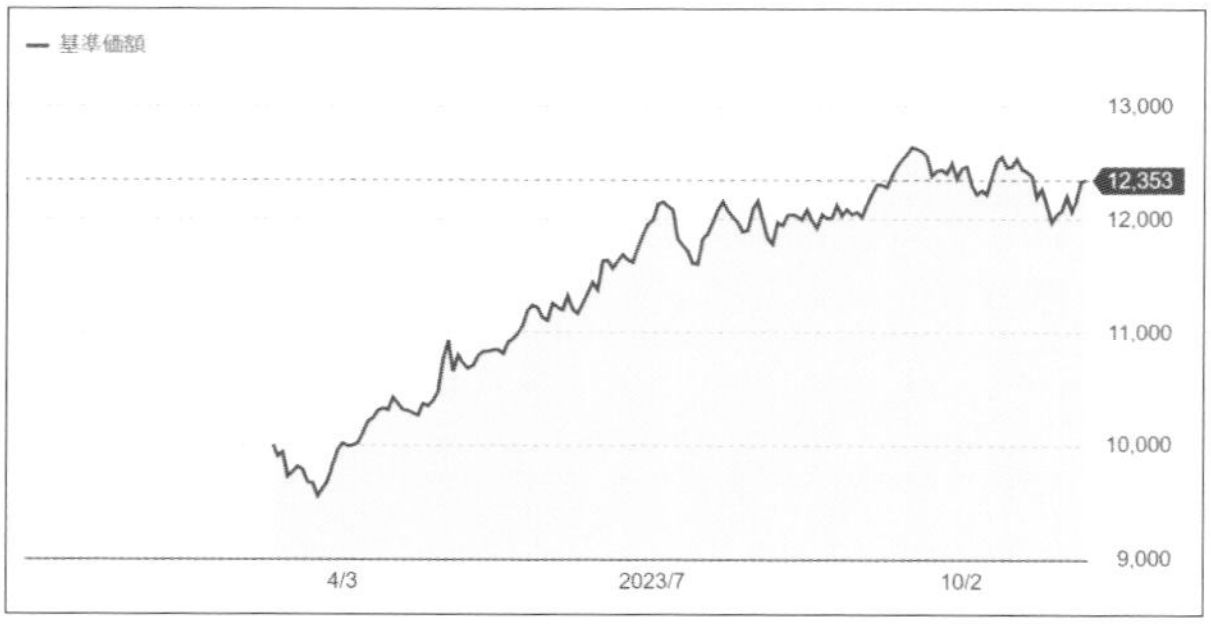

出典:Yahoo! JAPANファイナンス

2023年に登場し、ETFを除く公募投資信託としては、日本初のインドの株式指数を対象としたインデックスファンド。インドを代表する株価指数であるNifty50インデックスと連動しており、運用管理費用（信託報酬）は年率0.473%と低コスト。運用会社は大和アセットマネジメント。

4

新NISAの積立銘柄②世界の覇権国！　王道の米国市場に投資をしよう

積立投資の王道にはそれなりの理由がある

新NISAのつみたて投資枠で外せないのが世界の覇権国である米国市場への投資です。

米国市場を中心に構成されているインデックスや、米国市場の巨大企業が中心となる全世界株なども、つみたて投資枠の選択肢としては王道となります。

2021年の末に最高値を付けた米国市場の株価指数ですが、背景には米国の中央銀行である「連邦準備制度理事会」（Federal Reserve Board、通称FRB）による膨大な市場への資金供給がありました。さらに、低金利や景気拡大を追い風に、株式市場が長期的に上昇する条件が整っていました。

しかし、過剰なインフレ（物価上昇）を抑制するための金利上昇（利上げ）により、2022年には大きな下落がありました。

2023年に再度上昇に転じた米国株価指数ですが、本格的に上昇をするには「超低金利と金融緩和」は重要な要素の1つと言えるでしょう。

「これまで通り」が通用しない可能性もある

しかし、米国は長らく財政赤字が続いており、歳入よりも支出の方が多い状態で、財政赤字が続くことで国債が増加し、債務が膨らんでいます。

また、米国には政府が借り入れることができる金額に上限を設ける「債務上限」という制度が存在し、この上限を超えて借入が必要な場合には、議会の承認が必要です。

近年は米国国内の分断が深刻化しており、政策変更や法律の変更、地政学的なリスクなど、政治的なリスクも多くはらんでいます。

今後も短期的な上昇は何度も起こるとは思いますが、これから米国市場の銘柄で長期、積立投資をする人は、今までのリスクと異なるリスクがあることを心得ておくべきです。

とはいえ、世界の覇権国である米国市場は長期投資の魅力的な投資先であることに変わりはありません。

低コストで運用可能で、米国の代表的な株価指数に連動する「eMAXIS Slim 米国株式（S&P500）」は、新NISAとの親和性が高いので是非「つみたて投資枠」で購入したい商品の1つです。

また、同じ三菱UFJアセットマネジメントが運用する「eMAXIS Slim 全世界株式（オール・カントリー）」は、米国企業が構成比の60%を占めているため、「米国に全振りは怖いけど成長企業に投資したい」という方におすすめです。

米国中心のインデックスファンド

eMAXIS Slim米国株式（S＆P500）

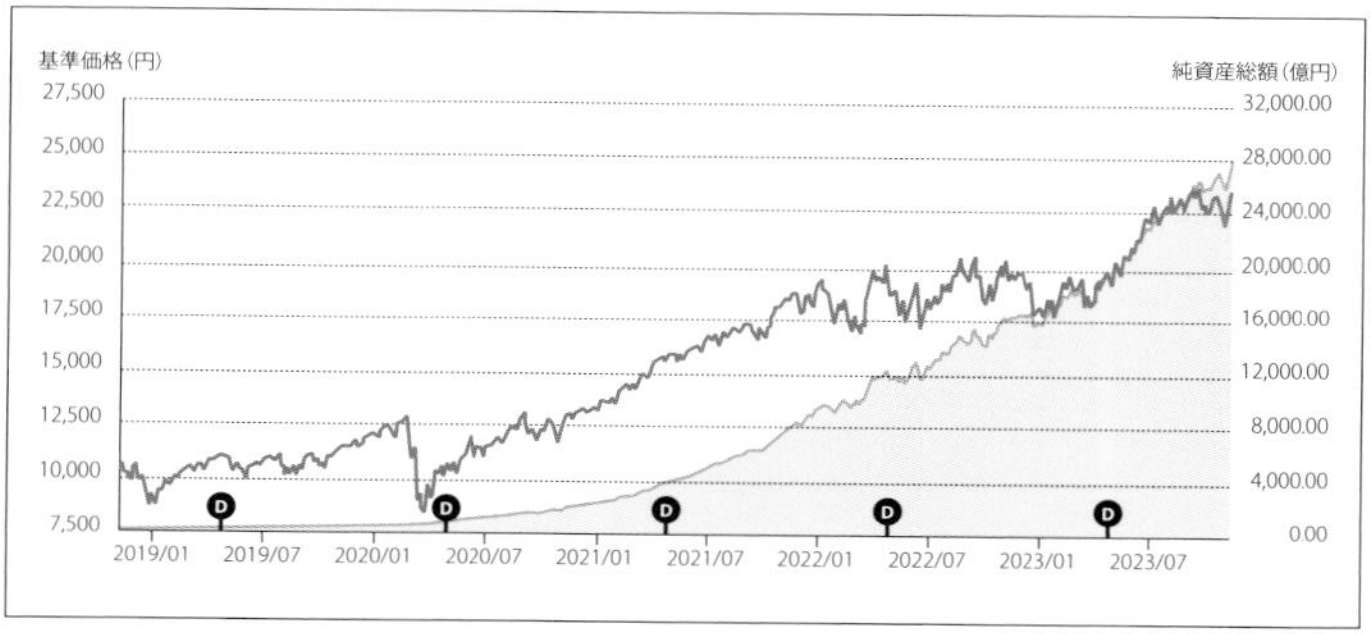

出典:三菱UFJアセットマネジメント

eMAXIS Slim 全世界株式（オール・カントリー）

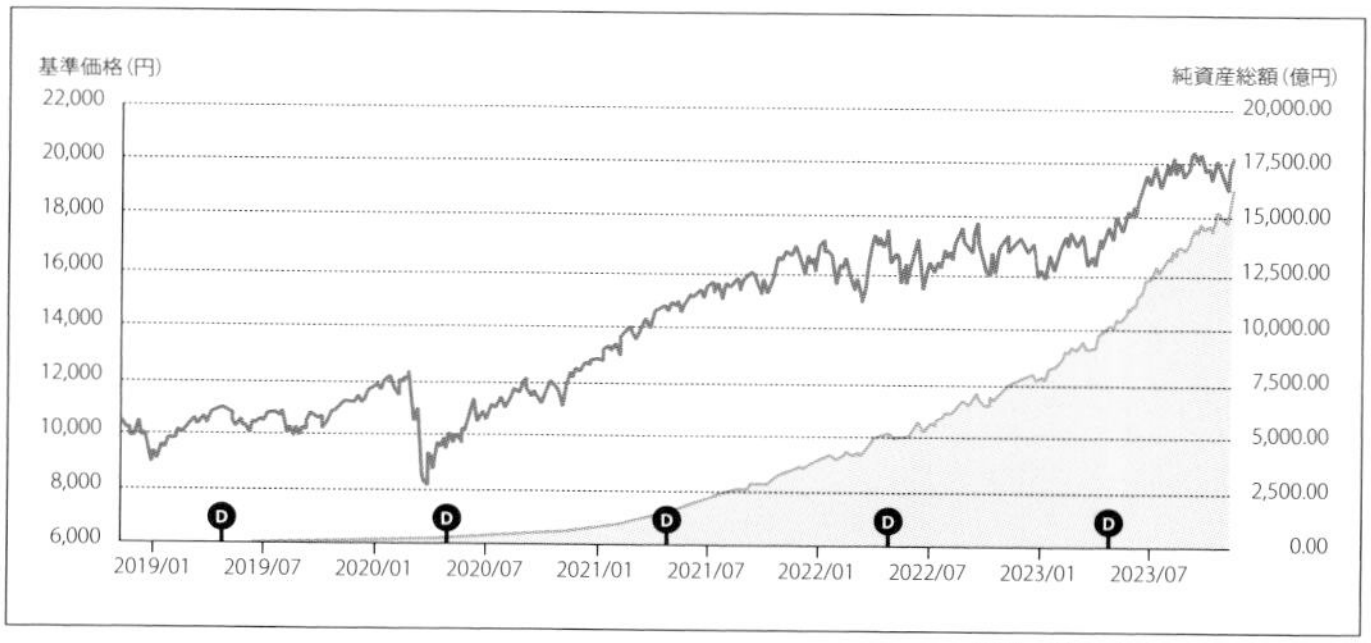

出典:三菱UFJアセットマネジメント

三菱UFJアセットマネジメントが運用し、業界最低水準の運用コスト（信託報酬）を誇るインデックスファンドシリーズ「eMAXIS Slim」。いずれもポートフォリオに組み込みたい商品ですが、妄信は危険。

第４章 5

新ＮＩＳＡの積立銘柄③ 世界の有力企業に投資！ 世界株式の投資信託

世界47か国２９００社に投資できる世界株式の投資信託

過去の歴史をたどると、株は長期で持てば持つほど、最高値を更新して利益につながっている事実があります。

もちろん、未来が保証されるわけではありません。日本のように40年以上も最高値を更新しないケースもありますから、リスク管理は必須ではありますが、外せない選択肢として「世界の株式市場に投資をする」という選択肢があります。

世界株式を対象としたインデックス型の投資信託で、代表的なものに「ＭＳＣＩ ＡＣＷＩ（エムエスシーアイ・オール・カントリー・ワールド・インデックス）」と呼ばれるものがあります。

米国のＭＳＣＩ社が算出しているインデックスで、世界47か国（先進国23か国、新興国24か国）の約２９００社が投資の対象で、**この銘柄を１つ保有するだけで、世界の約２９００社に分散投資ができる**というものになります。

最新の運用方針については証券会社のホームページなどを通じて、「目論見書」を読んで確認してください。

ＭＳＣＩ ＡＣＷＩは、約２９００銘柄で構

成されていますが、全ての企業が同じ割合で運用されているわけではありません。

世界の名だたる企業に満遍なく投資

２０２３年３月時点だと、構成銘柄のトップ５は、「アップル（4・37％）」「マイクロソフト（3・40％）」「アマゾン（1・58％）」「エヌビディア（1・14％）」「アルファベットA（1・03％）」となっています。アルファベットAとは、Googleの持株会社です。

例えば、10万円でこの銘柄に投資をすると、その中の約４３７０円分はアップル株を買い、約３４００円分をマイクロソフトを買い、などという運用配分で分散投資を２９００社に行えるので、１つの企業に投資する場合よりも、リスクが軽減されます。

投資の世界ではリスクとリターンは表裏の関係なので、１社の銘柄に投資をした方が大きなリターンを得られる場合もありますが、長期投資の場合、数年に１度の暴落や、10年単位の大暴落がつきものなので、リスク管理を優先した方がよいでしょう。

MSCI ACWIのチャートと構成銘柄

上場インデックスファンド世界株式（MSCI ACWI）

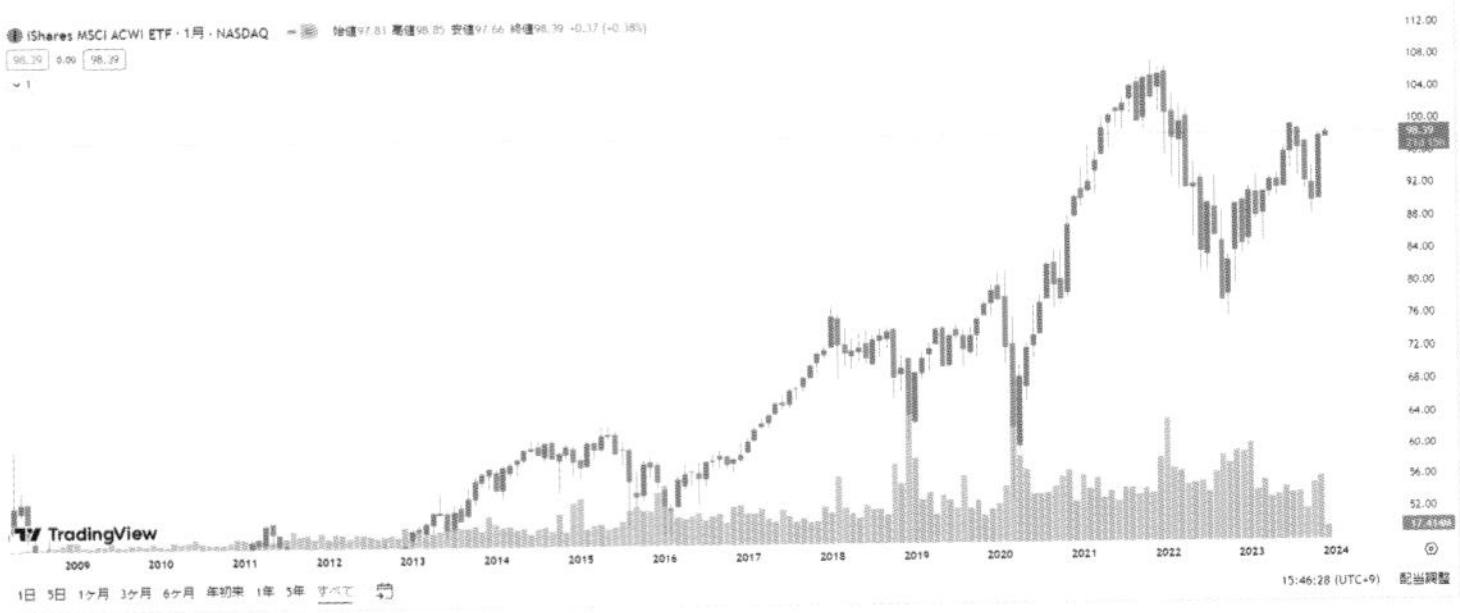

出典:TradingView

主な構成銘柄

企業名	構成比率
アップル	4.37%
マイクロソフト	3.40%
アマゾン	1.58%
エヌビディア	1.14%
アルファベットA	1.03%

上場インデックスファンド世界株式（MSCI ACWI）は世界有数の時価総額を誇る企業で構成されています。一時的な暴落リスクはあるものの、これ１つで成長企業に分散投資ができるため、おすすめの商品です。

第4章
6

新NISAの積立銘柄④リスク回避のバランス型商品

バランス型を組み入れるのは攻めの投資をしたい人にもメリット

バランス型の銘柄をポートフォリオに組み入れることで、株式、債券など、さまざまな金融商品を組み合わせ、リスクを分散し、投資先の幅を広げることができます。

これにより、特定の資産クラスに依存することなく、安定性とリターンのバランスを取ることができます。

例えば、リーマンショックのような世界的な株安が起きたとしても、債券がメインの投資信託を購入しておけば、資産の目減りを最小限に抑えられる可能性があります。これこそが、「分散投資」でリスクを低減することの強みです。

リスクを抑えながらも一定のリターンを追求したい場合に積立商品の1つに選択しておくと、資産が安定します。

もちろん、投資初心者で、「過度なリスクを負いたくないけど、試しに投資を始めてみたい！」という方にとっても、バランス型の銘柄はおすすめです。

国内外の株式、債券、不動産など複数種類の投資商品で構成

代表的なバランス型銘柄の1つに、「eMAXIS Slim バランス（8資産均等型）」があります。「新NISAの積立銘柄②」の節で紹介した三菱UFJアセットマネジメントが運用する「eMAXIS Slim シリーズ」の1つで、やはり手数料の安さが売りです。

「8資産均等型」の名の通り、国内株式、先進国株式、新興国株式、国内債券、先進国債券、新興国債券、国内REIT、先進国REITが、それぞれ12.5%ずつの比率で構成されています。

まさに分散投資にうってつけの商品といえるでしょう。

相場が変動しても「リバランス」されることで配分比率が保たれる

「eMAXIS Slim バランス（8資産均等型）」に限ったことではありませんが、多くのバランス型商品は、あらかじめ定められた資産配分比率が保持される「リバランス」を行うことで、リスクを抑えています。

これは、最初に決めた資産配分比率よりも上がっているものを売却して、下がっているものを買い増しすることで、相場が変動したとしても配分比率が自動的に維持される設定です。

これにより、自分で各種類の変動をチェックせずにすみますし、リスクを抑えることにもつながります。

バランス型の代表銘柄

eMAXIS Slimバランス（8資産均等型）

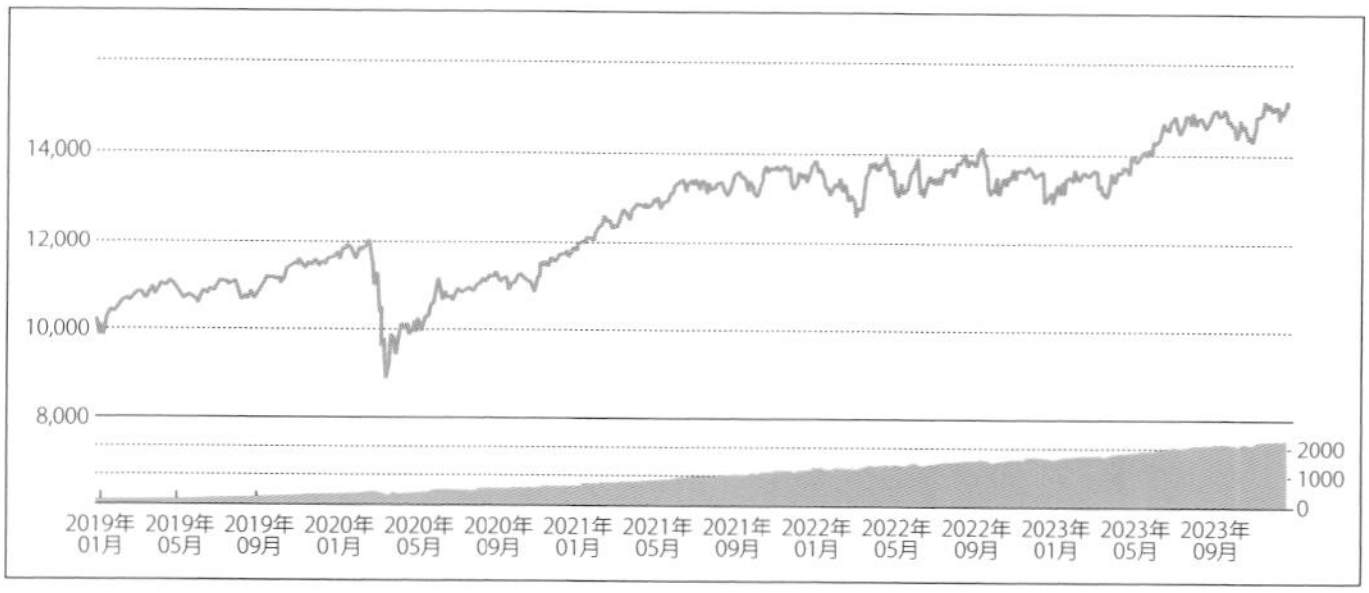

出典:三菱UFJアセットマネジメント

8項目の投資商品を均等配分

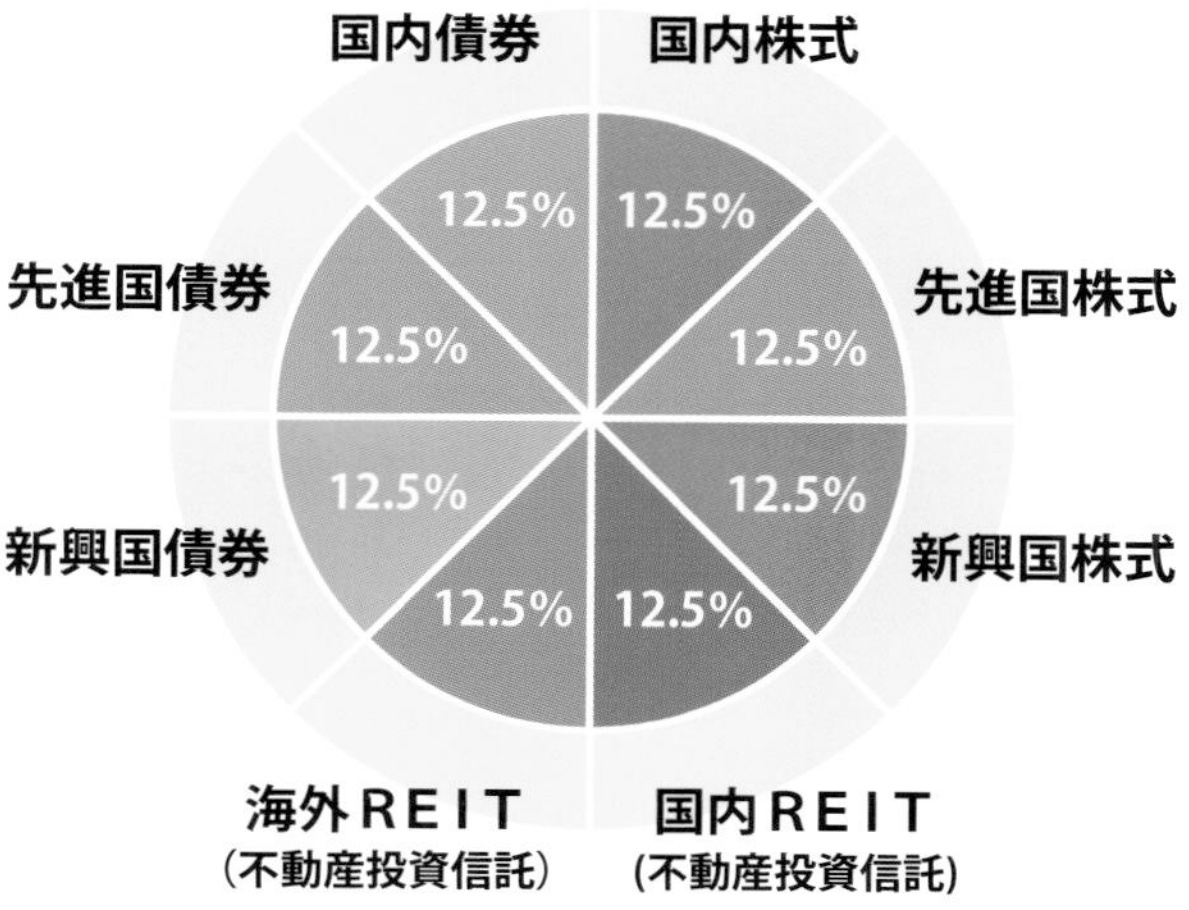

第4章
7

長期の積立投資成功の鍵はライフプランとファイナンシャルプラン

投資は自分の人生のため

新NISAは、旧NISAと異なり、無期限でいつまでも銘柄を保有することができるようになりました。

これは、投資で最も難しいとされる「いつ売るのか」という問題に直面する方が増えるということでもあります。

もちろん、利益が最大の時に売ることができればそれは理想ですが、いつ最大になるかというのは、神様にしかわかりません。とすると、いつ売るかは、人それぞれの判断ということになります。

投資をする本人にとって、ベストタイミングな売り時というのは、実は、自分の人生のライフプランやファイナンシャルプラン次第だということになります。

投資をきっかけにライフプランを考えてみる

お金は生きているうちにしか使えませんから、ただ目標もなく闇雲に増やし続けるのではなく、いつか売って、将来のどこかの時点で、自分や家族、大切な人のために使うことが自然です。

そうなると、「今後、自分はどんな人生を歩んでいきたいのか」「いつまでにどうしたいのか」「何を解消するためにお金が必要なのか」といったライフプランを明確に想定しておく必要があります。

また、「いつの時点で」「いくらのお金が必要となるか」といったファイナンシャルプランを明らかにすることが、実は投資を成功させるための重要なプロセスとなります。

将来に漠然とした不安を抱えている人は多いと思います。

しかし、だからと言って、闇雲にお金を貯めこみ、節制に励み続けながら人生を歩み、亡くなる時に最もお金がある状態で人生を終えていいのでしょうか。

もっと経験したいこと、体験したいこと、人生で後回しにしていることなどにお金を使った方が良いこともあります。

詳細なライフプランやファイナンシャルプランの設計については本書では割愛しますが、新NISAを始めるタイミングで、今後の人生を見直してみることは重要なことです。

コラム1　15万人が学んだ「投資の学校」の創業秘話

宮城県仙台市に教師一家の長男として生まれた著者である私は、将来は教育に関わる仕事で世の中に貢献したいと思うようになりました。その後、縁があって26歳で独立起業をしました。

独立後すぐに、給料の額面はそれなりでも、手取りが少ない現実と、現在の手取りから毎月の貯金額を捻出し続けることが難しいことに気が付きました。

そこで、「通常の所得とは別に累進課税が適用されず、いくら稼いでも分離課税が約２割のみで、残りは全て手に入る」投資の利益に興味を持つようになりました。

しかし、さまざまな情報を探しても、「投資をする一般の人たちの立場に立って、世界基準の本物の投資教育を正しく学べる場所」というものは2012年当時、なかったのです。おかげで大変、損をしました。

そのため私は、投資未経験ながらも2013年のアベノミクスのスタートとともに、自らも投資技術を磨きながら、世界基準の投資実績を持つ現役の投資家であり、投資教育に情熱を持つ講師探しを始め、2013年10月に「投資の学校」事業を創業し、私自身も投資家として大きく成長しました。

本書では、私たちが築き上げてきた「本物の投資教育」の一端に触れていただきたいと思っています。一味違った新NISAの活用法に触れてみてください。

第5章

資産10倍も夢じゃない!?「成長投資枠」をフル活用しよう

第5章

1

プロが教える「年収が増える」新NISA成長投資枠の賢い活用法

「非課税期間の無期限化」と「非課税投資枠の復活」が攻略の鍵

NISAから新NISAに変更になることで、利益が出た場合の非課税メリットは大きく向上しましたが、年収を劇的にアップさせるための真の活用法を熟知している人はプロでも多くありません。

鍵を握るのは「非課税期間の無期限化」と「非課税投資枠の復活」という制度変更です。

利益を最大にするために、「とにかく寝かせて長く持つ」のか、「数か月単位の上昇株を狙い、あとは手放すタイミングを読むことに徹するのが鍵だ」と捉えるかで、資産形成力に大きな差が生まれるでしょう。

もし、新NISAの「成長投資枠」をフル活用し、毎年復活する非課税枠を上手に運用しながら取引することができれば、「積立投資」一本足打法の人よりも圧倒的に資産倍増のチャンスを得ることができるでしょう。

成長投資枠なら年利20～60％超も射程圏内

株というのは国や経済の成長とともに、企業が成長して株価が上がることが理想です。

新NISAの変更点

【旧NISA】 ～2023年12月

項目	つみたてNISA	一般NISA
年間投資枠	40万円	120万円
非課税となる生涯投資枠	800万円	600万円
対象商品	金融庁選定の投資信託	上場株式・投資信託等
対象年齢	18歳以上	
投資期間	20年間	5年間
併用	不可(どちらかを選択)	
非課税枠復活	なし	

【新NISA】 2024年1月～

項目	つみたて投資枠	成長投資枠
年間投資枠	120万円	240万円
非課税となる生涯投資枠	1800万円 (うち、成長投資枠は1200万円)	
対象商品	金融庁選定の投資信託	上場株式・投資信託等
対象年齢	18歳以上	
投資期間	無期限	
併用	可能	
非課税枠復活	あり	

しかし、米国であっても年間数%、日本においては1%弱のGDP成長しか実現できていません。

そうなると、自然と中長期投資は年利数%に落ち着きますが、これは積立投資に任せておきましょう。

成長枠投資を使うなら「今年のトレンド銘柄に集中して、年利20〜60%を狙う」という方針も不可能ではありません。

年2桁など無謀だと思われるかもしれませんが、例えば株価1000円の銘柄が1300円になれば、それは30%の上昇なわけです。年単位で見れば、そのような上昇は数えきれないほど存在します。

問題なのは、そのような銘柄を購入して利益にするための戦略が一般の方に正しく知れ渡っていないことだと思います。

第5章と第6章では、成長投資枠を活用した戦略について、みなさんに学んでいただきたいと思います。

資産10倍プランは新NISA成功投資枠で圧倒的に加速する

大きく稼ぐにはトレードの視点が必須

年単位の利益を最大化する投資スタンスは「トレード」です。そして**成功するためには「長期投資とトレードの違い」を理解する必要があります。**

長期投資は、その会社の価値や将来の成長に投資をすることであり、「農作物を育成し、さまざまな四季の変化に耐えながら育てる」ことに似ています。

年単位、時には十数年という単位で、その企業を見ていかないとなりません。判断基準は「成長性」「割安さ」「決算情報」となるので、初心者には覚えることが山積みです。

一方でトレードとは、**株の価格の動きに資金を投じること**です。

日々、動いている株価の流れから上昇のサインを見つけて、チャンスを狙います。

具体的には、ローソク足で構成されるチャートをメインで見ていきます。例えると「すでに実っている農作物を発見し、収穫する技術」が必要になります。

毎年200社以上の企業が2倍株を達成している

一般的に、「トレードは難しい」と言われていますが、「今どうすべきか」という対処法が徹底しているのは長期投資よりトレードの方です。

あらかじめ上昇のパターンを頭に入れておき、パターンに合致した時に買い、時間の経過とともにチャートが崩れたら決済をするので、やることは決まっています。

特に新NISAの成長投資枠では、週単位の株価を見ながら、ゆったりと売買の判断をしていき、数か月単位の上昇を狙っていきます。

もし資金200万円から、資産2000万円を狙いたい場合には、なるべく年間の成長投資枠240万円を上限まで活用しましょう。そのためには、これまで貯蓄していたお金を投資に回したり、節約をしたりするなどの行動の変化も必要です。

240万円の株が480万円になると、利益は240万円となりますが、これが非課税になるので、これを8回繰り返すと約2000万円の利益となります。

年2倍になる銘柄がどれほどあるかというと、2023年は250社以上、2022年も約220社、2021年は約250社ですので、たった1年で株価が2倍になる銘柄は決して少なくないことがわかります。

成長投資枠ではこれらの銘柄を狙っていきます。

新NISAに必要なのはトレードの視点

新NISAで2000万円をつくるためには

- ☑ トレードの視点を持つ
- ☑ 「成長性」「割安さ」「決算情報」の視点で銘柄を選ぶ
- ☑ 年間の成長投資枠240万円を上限まで活用

1年で2倍株になる銘柄は200社以上!!

株価が2倍に値上がりする銘柄は通称2倍株（ダブルバガー）と言われ、日本株だけでも毎年200社以上の銘柄が「たったの1年」で2倍株に成長しています。

第5章
3

2倍株、3倍株を狙うには相場サイクルに沿った業界から銘柄を探す

成長期待値が高い業界で利益の最大化を狙う

新NISAを使って利益を最大化させようと思ったら、2倍株、3倍株になる可能性が高い企業が多い業界から、銘柄を絞り込むことが鍵になります。

相場にはサイクルというものがあり、数年から10年程度で1サイクル回るのが一般的です。

1サイクルの中に4つのカテゴリーがあり、2つが株が上がりやすい時期、2つが株が上がりにくい時期となります。

コロナショックで見る相場サイクル

①株が上がりやすい時期「金融相場」

2020年2月のコロナショックから相場サイクルを考えてみます。まず、得体のしれないウイルスが世界中に広がり、世界各国で自粛生活およびロックダウンが行われました。

このままだと経済が崩壊するということで、各国の中央銀行及び政府は、市場にお金を増やす(金融緩和する)政策を取りました。具体的には、中央銀行は超低金利政策を取り、政府は補助金をばらまきました。

世の中(市場)はお金に溢れ、溢れた資金の

多くが投資に回ることになります。株式市場にも潤沢な資金が流れ、多くの上場企業の株が買われ、株式市場が上昇します。

これをカテゴリー1つ目「金融相場」と言います。

②株が上がりやすい時期「業績相場」

その後、潤沢な資金による事業投資、超低金利による借入などにより企業の業績も向上していき、さらに株式市場は上昇します。

これをカテゴリー2つ目「業績相場」と言います。2020年2月のコロナショックから、2021年末までの米国株の歴史的な上昇の背景には、この2つのカテゴリーの推移がありました。

③株が下がりやすい時期「逆金融相場」

企業の業績も上がり、株価も上昇し、良いことばかりのように思われるかもしれませんが、ここで新たな問題が発生しました。それが、2021年から明らかになった「物価の上昇（インフレ）」です。

結果として、米国の金融政策を決定するFRBは、2022年3月から大規模な利上げ政策を行うことを決定しました。

これを3つめのカテゴリー「逆金融相場」と言います。金融引き締めの政策が取られ、金利が引き上げられ、株式市場が下落しやすい局面になります。

④株が下がりやすい時期「逆業績相場」

金利が上がるというのは、銀行に預けてお

くとお金がより増えるということです。リスクがある投資よりも、預金をしようとする人や企業が増え、企業が借入をしようにも、返済の金利も高くなり、事業投資がしにくくなります。

結果、業績が圧迫される傾向となり、景気も悪くなり、個人も節約傾向となり、株式市場全体が下落傾向になります。

これを4つ目のカテゴリーで、「逆業績相場」と言います。景気が悪くなるので、物価も下がる局面になります。

金融相場では、低金利によって借入が容易になり、成長性の高いIT業界や新興企業などの「グロース株」が上がりやすいです。

業績相場では不況時で落ち込んでいた企業の業績が回復していくため「好業績銘柄」や「自動車産業」「総合商社」など事業規模が大きく、好景気の恩恵を受けやすい企業が狙い目です。

逆金融相場では、景気が後退していくため、借入金の少ない「ノーレバレッジ企業」や電気、ガス、通信などの「インフラ企業」などが上昇する傾向があります。

逆業績相場では、多くの企業で業績が悪化しますので、需要が安定していて景気に左右されにくい、医薬業界や消費財業界、インフラなどの「ディフェンシブ銘柄」がおすすめです。

長期投資による資産増加の3条件

株が上がりやすい時期

①金融相場

世の中にお金が溢れ、溢れたお金が投資に回っている状態。上場企業の株が買われ、市場が活気づいている状態。

②業績相場

企業が資金や借入金を事業投資に使い、企業の業績も向上している状態。

株が上がりにくい時期

③逆金融相場

中央銀行による「利上げ」や「金融引き締め」などの政策がとられている状態。

④逆業績相場

借入に消極的になったり、消費者も節約志向となり、企業の業績が圧迫される。

第5章 4

成長投資枠で年単位の利益を最大化したいなら安値圏で銘柄を拾え

ローソク足を読み解けば相場の値動きを把握できる

チャートを見ながら売買タイミングを計るのがトレードの基本であり、チャートを読むにはローソク足を読む必要があります。

ローソク足とは、ただ上げ下げして変動している株価の動きを「ある時間単位」で区切り、「始値《はじめね》・高値《たかね》・安値《やすね》・終値《おわりね》」という4つの価格情報を1つにまとめたグラフです。

1日単位であれば「日足」と呼び、1週間単位であれば「週足」と呼びます。1か月単位であれば「月足」と呼びます。

新NISAの成長投資枠なら「週足」単位での売買がおすすめ

成長投資枠を使い「今年の上昇銘柄」を狙う上では「週足」単位の売買が有効です。

「日足」を活用する場合は、1日に1回チャートをチェックし、週足の場合は1週間に1回チャートをチェックすることをおすすめします。

前項の相場サイクルの観点で年単位に上昇期待ができるトレンド銘柄の中であっても、安値圏で買わないと利益を大きく伸ばすことはできません。

ローソク足の読み方

ローソク足の「陽線と陰線」

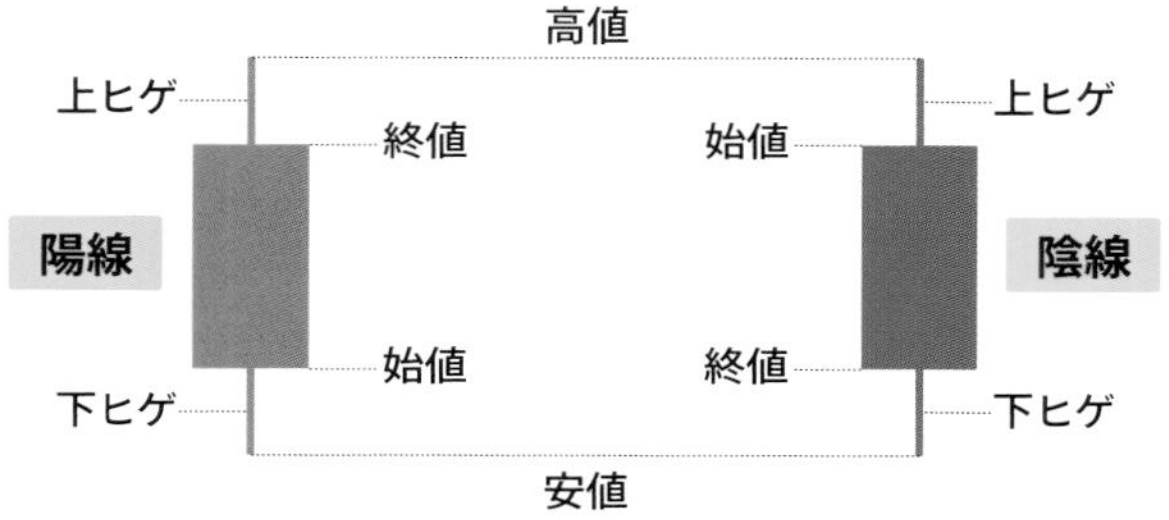

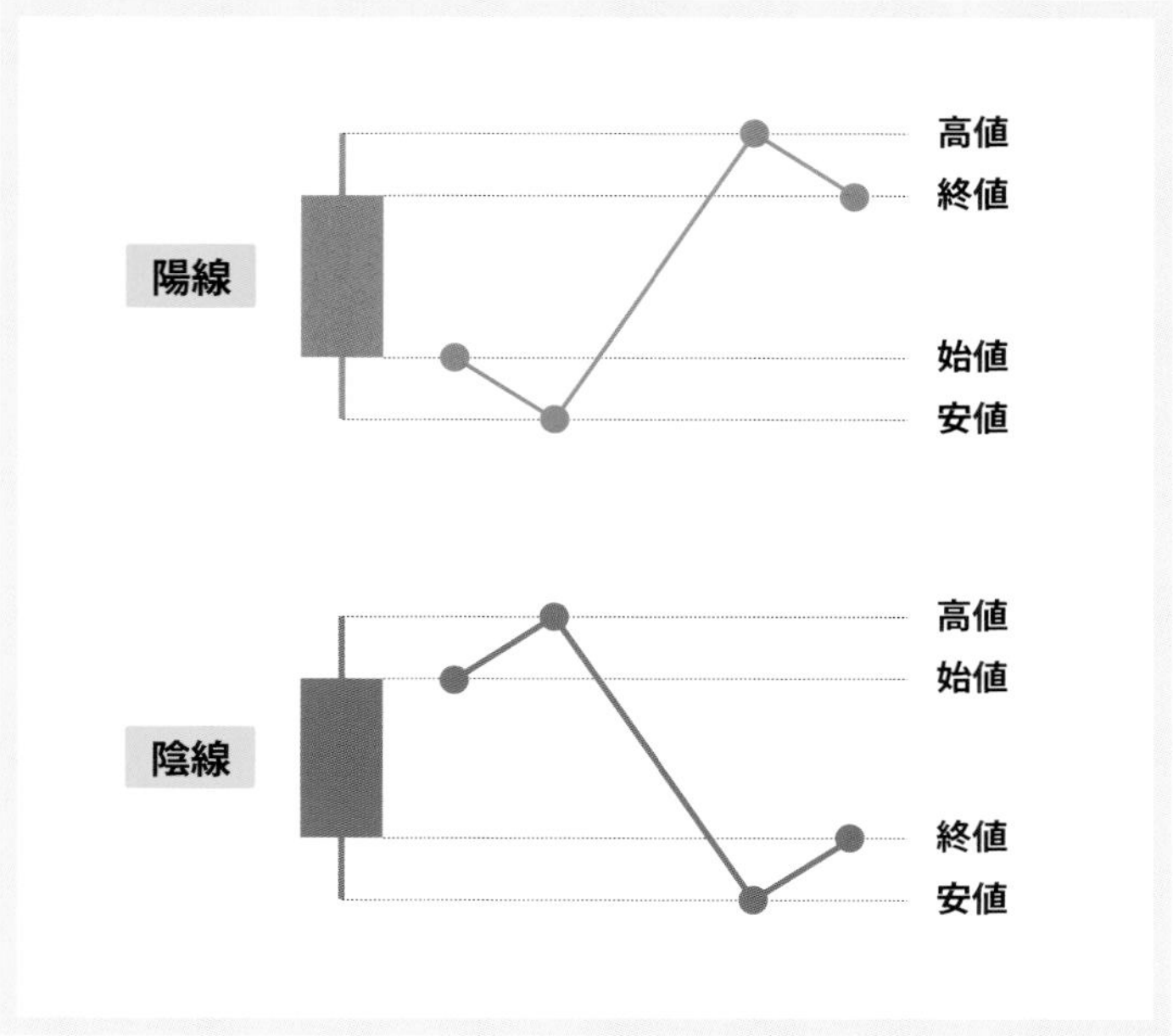

ストキャスティクスとは

ストキャスティクスとは? （Stochastic＝統計学的な、確率論的な）

一定期間の高値と安値の値幅に対して
現在の株価が、どのくらいの位置にいるのか?

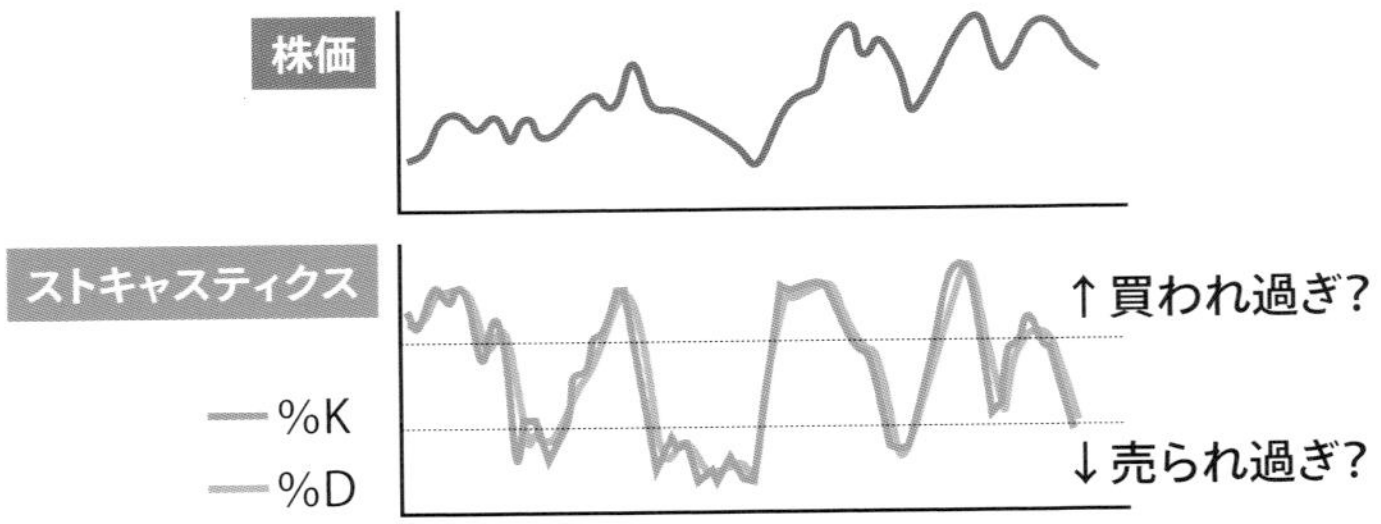

通常、チャートと縦に並べて見る

安値圏で買うための指標

安値圏で買うために使うのが「テクニカル指標」となりますが、新NISAで活用する場合は、「ストキャスティクス」というテクニカル指標がおすすめです。ストキャスティクスは変動幅と終値の関係から「買われ過ぎ・売られ過ぎ」を察するためのテクニカル指標となりますが、「売られ過ぎ」という状態で買うことで、今後の上昇期待が得られます。

ストキャスティクスは、ほぼ全ての証券会社のアプリやツールなどで利用できるテクニカル指標となっています（詳しい内容は第6章で解説します）。

第5章
5

成長投資枠に最適な銘柄は世界水準の銘柄選定法で絞る

オニール流　銘柄選定の極意

成長株投資の権威にウィリアム・オニールという米国を代表する投資家がいました。

実際に何十倍にも大化けした1000もの銘柄を分析したとされ、成長の速そうな株を探し出し、数か月から2年程度で利益を上げていく投資スタイルでした。

みなさんもオニール流の方法で成長投資枠の利用に合った銘柄を探すことができます。

本書では、初心者の方でも実践しやすいようにポイントを押さえて解説をしますが、興味がある方はオニールに関する専門書で勉強をしてみてください。

「CAN SLIM（キャンスリム）」に倣って銘柄を選定する

CAN SLIMは、オニールによって提唱された投資戦略で、株式市場での株の選定と取引の手法を指します。CAN SLIMはさまざまな要素から成り立っており、成功した株式トレーダーとして知られるオニールが自らの経験と研究に基づいて構築しました。

- **Current Earnings（現行の収益）**
- **Annual Earnings（年次の収益）**
- **New Products or New Management（新製品または新経営陣）**
- **Supply and Demand（需給）**
- **Leader or Laggard（リーダーかラガードか）**
- **Institutional Sponsorship（機関投資家の支持）**
- **Market Direction（市場の方向）**

これらの要素を組み合わせて、オニールは市場での成功を収めるためのフレームワークとしてＣＡＮ ＳＬＩＭを提唱しました。

高橋式・簡易版オニールスクリーニング

オニールの銘柄選定法を徹底的に学び、国内の証券会社の銘柄スクリーニングで探そうとも検索項目が足りない場合があります。

なので、本書では私なりの簡易版を紹介します。例えば楽天証券の場合は次の通りです。

- 経常利益変化率（前年比）15％以上
- ＲＯＥ（自己資本利益率）17％以上
- 株価移動平均線からの乖離率（13週前）15％以上

このように検索すると数十銘柄が該当します。それらの銘柄を「銘柄分析」すると、各銘柄のチャートを一覧で見ることができます。その中から「経常利益が右肩上がりの銘柄」などを選定する手段があります。

オニールの法則

C	urrent Quarterly Earnings	当期四半期のEPS
A	nnual Earnings Increases	年間の収益増加
N	ewer Companies, New Products, New Management, New Highs Off Properly Formed Bases	新興企業, 新製品 新経営陣, 正しい ベースを抜けた新高値
S	upply and Demand	株式の需要と供給
L	eader or Laggard	主導銘柄か停滞銘柄か
I	nstitutional Sponsorship	機関投資家による保有
M	arket Direction	株式市場の動向

楽天証券にログイン。
「国内株式」を選択し、「スーパースクリーナー」をクリック

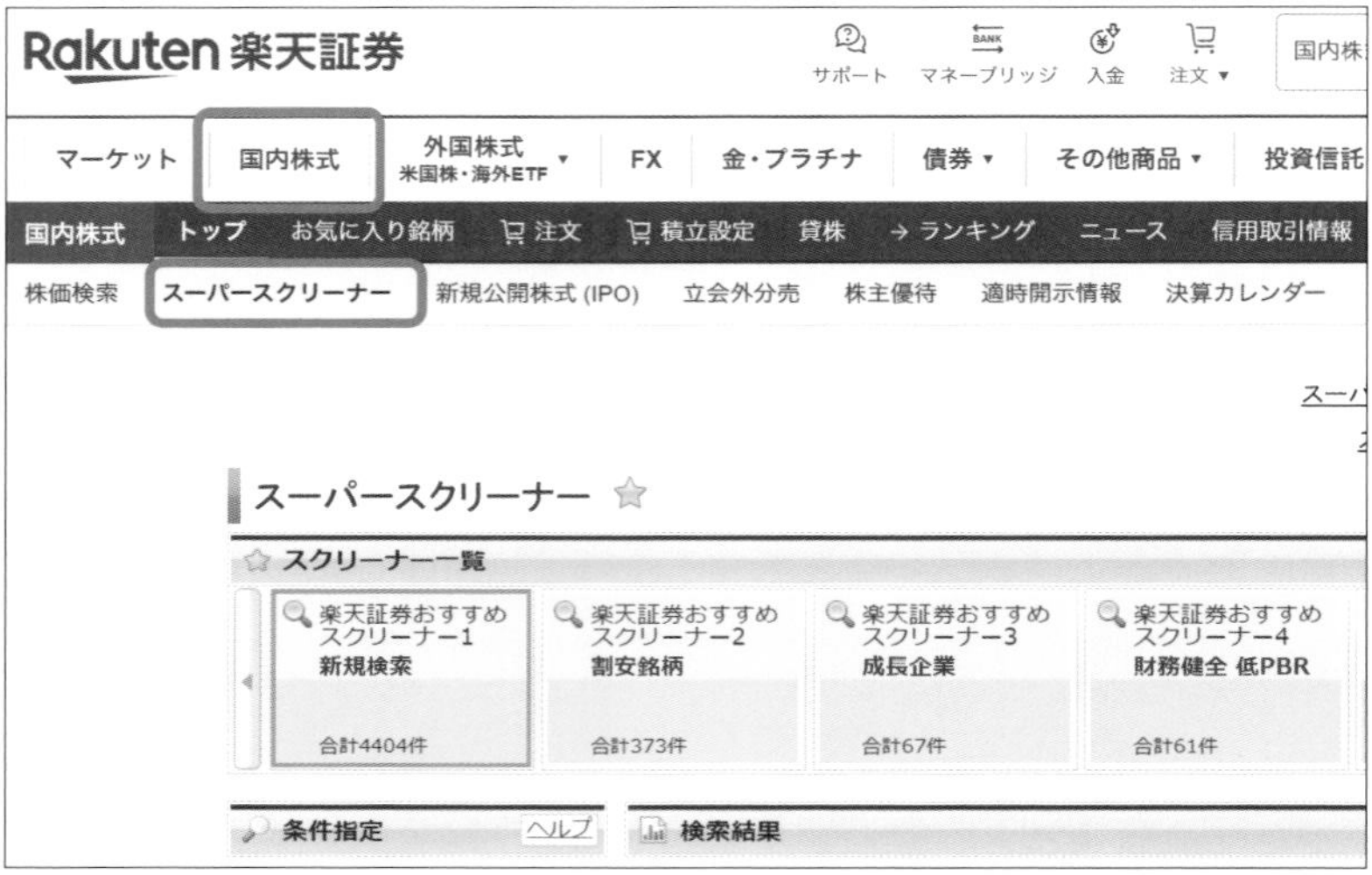

出典:楽天証券

サイドバーに表示されている「詳細検索項目」の１つをクリック

1357	N F日経平均ダブルインバース	東ETF	218.0	0.0 (0.00%)
1358	上場日経レバレッジ指数	東ETF	37580.0	+100.0 (+0.27%)
1360	日経平均ベア２倍上場投信	東ETF	533.2	-1.3 (-0.24%)
1364	ｉシェアーズ　ＪＰＸ日経４００	東ETF	21505.0	+40.0 (+0.19%)
1365	ｉＦ日経平均レバレッジ	東ETF	31230.0	+100.0 (+0.32%)
1366	ｉＦ日経平均ダブルインバース	東ETF	567.0	-1.0 (-0.18%)
1367	ｉＦＴＰＸレバレッジ（２倍）	東ETF	26945.0	-60.0 (-0.22%)
1368	ｉＦＴＰＸダブルインバース	東ETF	826.0	+2.0 (+0.24%)
1369	ＤＩＡＭ　ＥＴＦ　日経２２５	東ETF	33050.0	+30.0 (+0.09%)
1375	雪国まいたけ	東P	919.0	-5.0 (-0.54%)
1376	カネコ種苗	東S	1397.0	-2.0 (-0.14%)
1377	サカタのタネ	東P	3870.0	0.0 (0.00%)
1379	ホクト	東P	1719.0	-10.0 (-0.58%)
1380	秋川牧園	東S	1026.0	-4.0 (-0.39%)
1381	アクシーズ	東S	2900.0	-9.0 (-0.31%)
1382	ホープ	東S	2340.0	+34.0 (+1.47%)
1383	ベルグアース	東S	3350.0	+15.0 (+0.45%)

＋ 検索条件を追加

＋ 検索条件を追加

＋ 検索条件を追加

出典:楽天証券

ポップアップが表示される。次の検索条件をそれぞれ追加。
①経常利益変化率(%)
②ROE(自己資本利益率)(%)
③株価移動平均線からの乖離率(%)

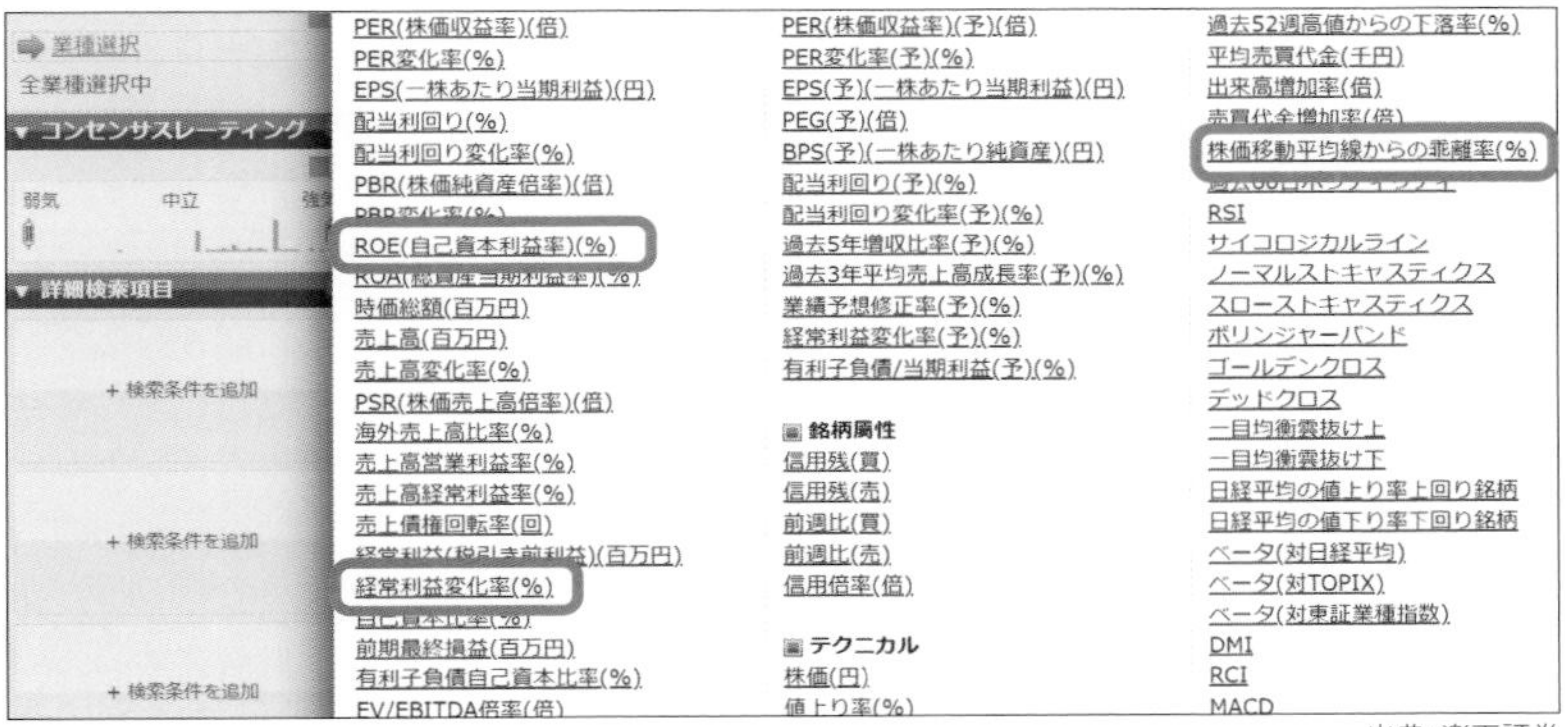

出典:楽天証券

①経常利益変化率(%)の最小値を「15」
②ROE(自己資本利益率)(%)の最小値を「17」
③株価移動平均線からの乖離率(%)を「13週前」に設定し
最小値を「15」

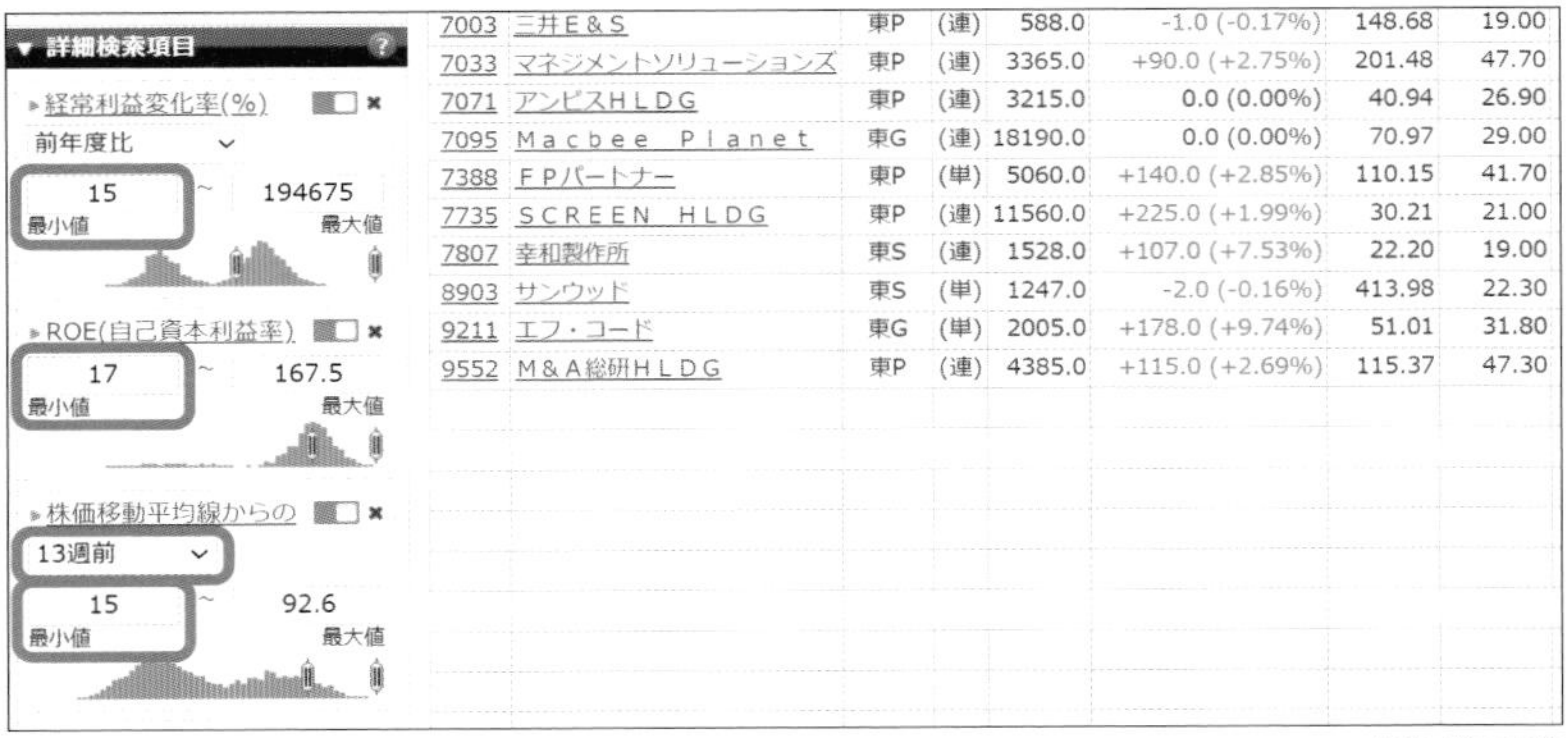

出典:楽天証券

①「新規保存」を押すと条件指定の内容が保存される
②「詳細分析」をクリックする

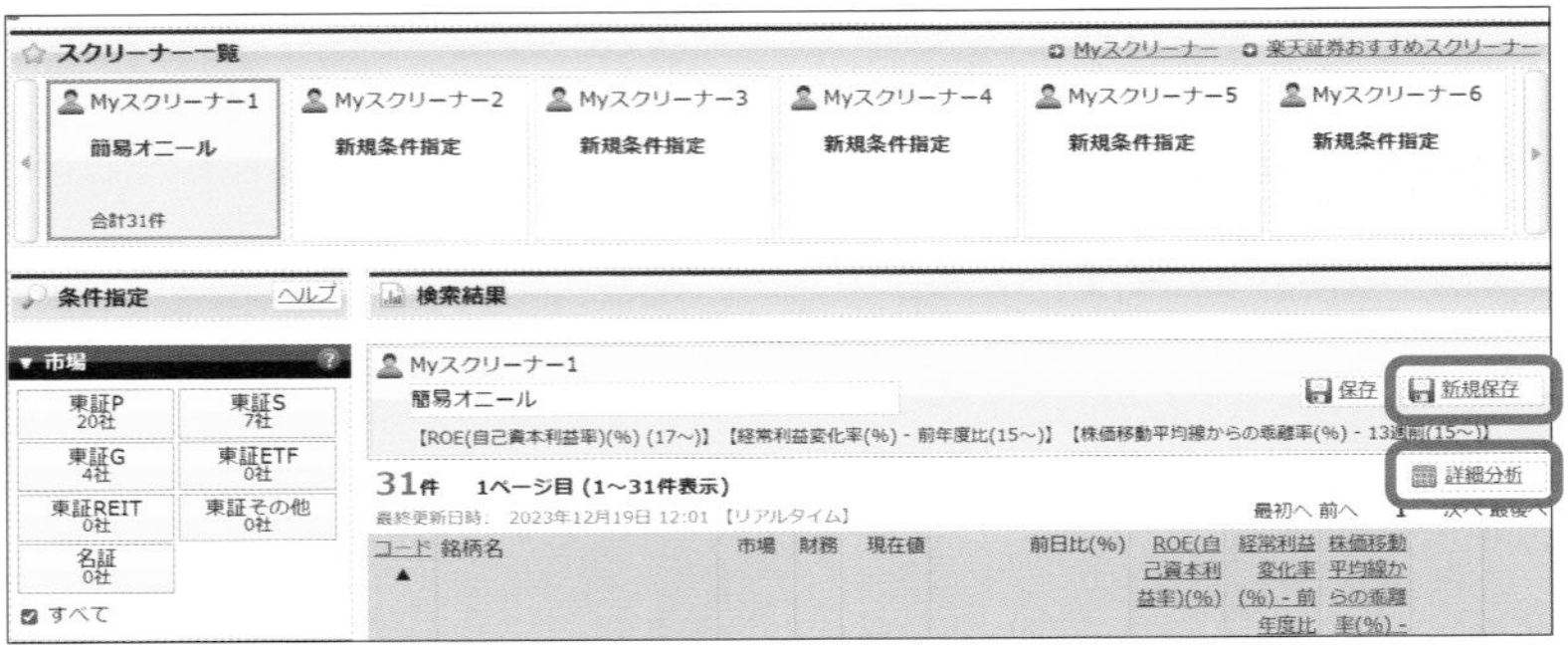

出典：楽天証券

ポップアップが表示される。

「業績・予想」を表示し、「売上高」「経常利益」が過去数年で伸びている銘柄をチェックする。

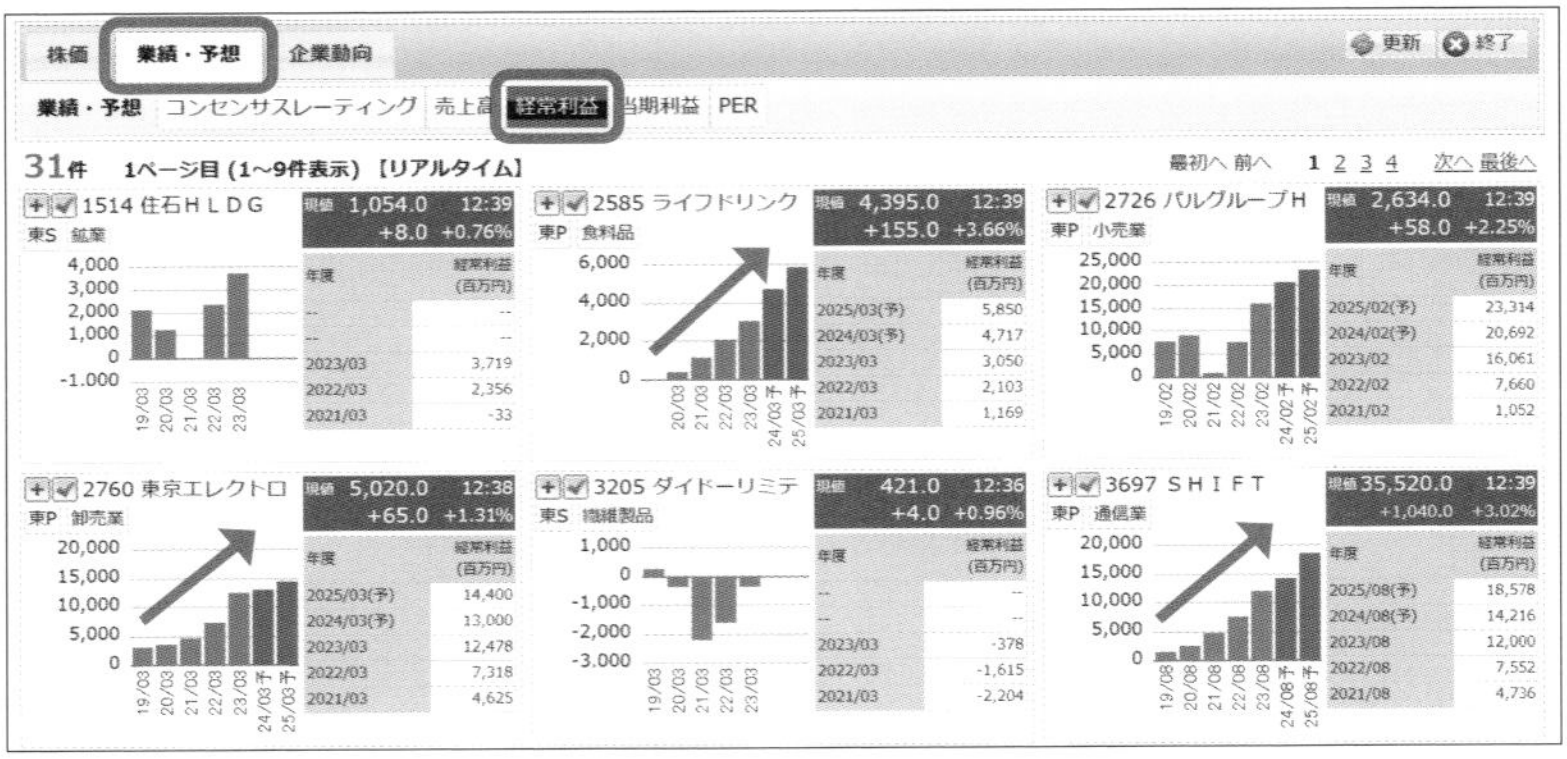

出典：楽天証券

高橋式 簡易版オニールスクリーニング

Screening1　経常利益変化率

$$\text{経常利益変化率} = \frac{(\text{当期経常利益} - \text{前期経常利益})}{\text{前期経常利益}}$$

営業活動による収益がどれだけ健全であるかを評価するために用いられる指標の１つである「経常利益」の推移をチェックして、企業の経営の安定性や収益性の変化を把握します。

Screening2　ROE（自己資本比率）

$$\text{ROE} = \frac{\text{当期純利益}}{\text{自己資本}}$$

企業が株主から調達した資本を効果的に利用して、どれだけの利益を上げているかを示す重要な財務指標で、企業の収益性と資本効果をチェックします。

Screening3　株価移動平均線からの乖離率

$$\text{株価移動平均線からの乖離率} = \frac{(\text{株価} - \text{移動平均線})}{\text{移動平均線}}$$

異なる期間の移動平均線同士の乖離（差）を計算することで、トレンドの反転を示します。「売られ過ぎ・買われ過ぎ」を判断する材料の１つです。

第5章 6

成長投資枠に年間いくら投資すればいいの？

成長投資枠の効果的な活用法3つ

新NISAを有効活用する場合に、頭を悩ませる点として、成長投資枠にいくら投資するべきかということがあります。新NISAの非課税限度枠は最大1800万円で、全てをつみたて投資枠として使うことができます。

一方、成長投資枠はどのように使えばよいかというと、大きく分けて3パターンが考えられます。

1つ目は、つみたて投資枠の年間の上限である120万円を上回る金額を投資したい場合です。

例えば、ボーナスが入った時や、貯蓄が大きく溜まった時、退職金を受け取った時、相続や贈与が発生した時、自宅や不動産を売却した時などに、まとまった資金を手に入れることがあります。

そのような時には、つみたて投資枠の最大120万円に加えて、最大240万円まで成長投資枠を使って投資ができます。

2つ目は、つみたて投資枠では買えない商品に投資をしたい場合です。

例えば、個別株、REITなどは、魅力ある投資商品ですが、つみたて投資枠の対象ではないため、成長投資枠を利用することになります。

3つ目は、数か月～数年の上昇期待を狙った投資をする場合です。そのときどきの市場のトレンド、企業の成長性を見抜いて売買をするスタイルになりますが、個別株かETFが選択肢に入ります。

成長投資枠の活用目的
①「つみたて投資枠」の上限を超える金額を投資に回したい
②「つみたて投資枠」に無い銘柄を買いたい
③数か月～数年の上昇期待を狙った投資をしたい

コラム2　自分の人生をコントロールする投資スタイル

本書では新NISAの成長投資枠を活用する方法として、「週足」を観察しながら、年単位に発生する「株価の上昇」を利益にする方法を解説していますが、投資の本当に難しいところは「何を買うか」よりも「いつ売るのか」という点です。その点を多くの投資をされる方に意識していただきたいと思って執筆をした次第です。

本書が発売される2024年は11月に米大統領選挙があり、国際紛争では引き続きウクライナ戦争が収まる気配がなく、ハマスとイスラエルの中東情勢も先が見えません。新たな戦争、震災もいつ起こるかわかりません。

欧米の金融政策も利上げ停止から、いつ利下げが始まるか次第で株式市場や為替市場は激変すると思いますし、日銀の金融政策も利上げになるのか、自民党総裁選はどうなるのかなど、相場に影響を与えるイベントが目白押しです。

長期投資のリスクは「環境変化で大損をする可能性がある」ということです。

その点、短期のトレードは「いつ決済するのか」という指針を自分自身が自分の人生計画に合わせて決めていくことであり、そのための学びを深めることで、自分の人生をコントロールできるようになります。投資は「注文してから」が本当の勝負ですので、「何が起こると決済した方が良い局面なのか」を自分の人生設計に照らし合わせて、学びを深めていただきたいと思っています。

第6章

たった1年で2倍株!?
ストキャスティクスの極意

高橋さん！
この銘柄良さそうじゃないですか!?
うんうん
成長性などを考えても、良さそうに見えますね！
ですよね！
でも…
いつ買えばいいのかがわからないんですよね
う～ん…
買った後には「いつ売るか」という問題も出てきますね
買ったり売ったりするタイミングを調べる方法はないんですか？

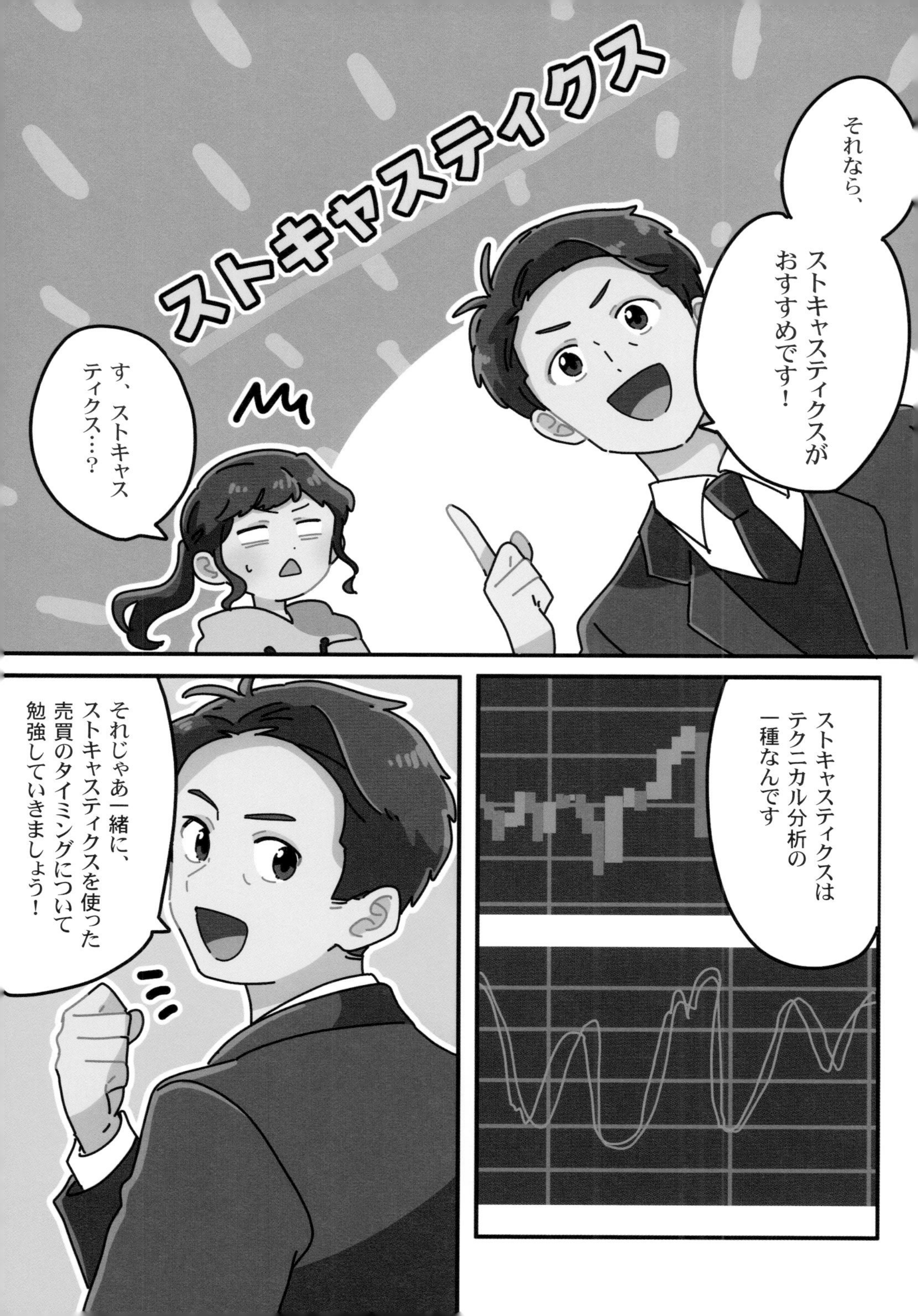
それなら、
ストキャスティクスがおすすめです！
ストキャスティクス
す、ストキャスティクス…？
ストキャスティクスはテクニカル分析の一種なんです
それじゃあ一緒に、ストキャスティクスを使った売買のタイミングについて勉強していきましょう！

第6章
1

成長投資枠を活用した最高の売買タイミング

週単位のローソク足で買いポイントを見極める

成長投資枠を使って、年単位の利益を最大限上げたいという方は、成長期待銘柄を選ぶことが必要不可欠です。成長期待銘柄は、第5章で説明した「オニール流」の銘柄選定法を参考にして、各社の銘柄スクリーニングツールで絞り込んでください。

銘柄を絞り込んだ後は、いよいよ「どのタイミングで買えばよいか」という話になります。本書では「週単位のローソク足で見て、割安なタイミング」で注文することをおすすめします。

1年間は52週ですから、週足のローソク足で52本分となるのですが、その52本のローソク足の中で、しっかりと数か月から年単位の上昇が期待できる割安タイミングを狙うということになります。

投資をする上で、成長性を分析するには「ファンダメンタルズ分析」と言って、企業分析や財務分析、市場分析などを行う必要があります。一方で取引のタイミングをとらえるために「テクニカル分析」を駆使すると、成長投資枠にピッタリの年単位の利益最大化につながります。

「テクニカル」と「ファンダメンタルズ」

テクニカル分析

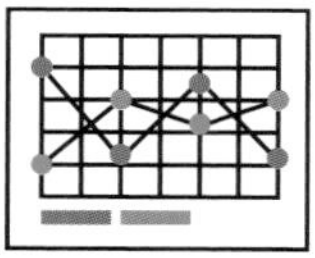

株価の動き

相場のパターン

ファンダメンタルズ分析

企業の状況

・業績　　　・利益率
・PER　　　・成長率
・財務諸表　・健全性

経済環境

・円高／円安
・景気
・経済指数（GDPなど）

テクニカル指標を駆使して買うタイミングを見極める

テクニカル分析とは、過去の価格や値動きなどの市場データを用いて、将来の相場の動向を予測する手法です。主にチャートパターンやテクニカル指標といったツールを使用して、市場の心理や動向を分析します。

テクニカル指標とは、株価の価格の動きから一定の法則などを発見し、相場の流れを判断したり、買われ過ぎや売られ過ぎを判断する「道具」のようなものです。

ほぼ全ての証券会社のチャートツールには、このようなさまざまなテクニカル指標が装備されています。

特に成長投資枠を使うためには、「成長期待がある良い銘柄だけど、今売られ過ぎていて割安になっている」というタイミングを発見することが有効です。

本書では、数あるテクニカル指標の中で「ストキャスティクスを独自に使った割安タイミングの発見法」を初心者の方にも掘り下げて解説していきます。

第6章
2
年単位の割安タイミングをとらえるストキャスティクス入門

「ベストな買い時」を見極めるためにテクニカル分析の2つのタイプ属性

テクニカル分析には、大きく分けて2つのタイプの属性があります。

1つは、株価の動きの中で「トレンド」を発見するもの。もう1つは「買われ過ぎ・売られ過ぎ」を発見するものです。

株価の動きには、「上昇トレンド」と「下降トレンド」、そして「それ以外」という3つの局面しかありません。成長投資枠で利益を最大化するには「上昇トレンド」を狙うことが王道になります。

しかし、成長期待ができる銘柄はすでに安定的に上昇をし続けている傾向がある銘柄も多く、その場合、上昇トレンドが発生するベストタイミングに飛び乗ることが難しい場合があります。

「ストキャスティクス」を活用すれば、成長が期待できる銘柄を、最適な(割安な)タイミングで購入することができます。これは非課税枠が復活する新NISAと親和性が高いツールですので、是非マスターしておきましょう。

ストキャスティクスが25以下のタイミングで買うだけ

ストキャスティクスは、株価の動きの中で「買われ過ぎ・売られ過ぎ」を判断するテクニカル指標です。

個人投資家にも非常に人気で、各証券会社のチャートツールには標準装備されていることが多いです。

図版をご覧ください。株価チャートの下に、もう1つグラフが追加されています。これがストキャスティクスです。株価チャートの右側には、株価のメモリが付いていますが、ストキャスティクスは0から100までのメモリが付いています。

そして、25以下は売られ過ぎ、75以上は買われ過ぎと判断します。売られ過ぎの銘柄は、このあと「上昇する」ことが多く、買われ過ぎの銘柄は、このあと「下落する」ことが確率的に多いと覚えておいてください。

「買われ過ぎ」と「売られ過ぎ」状態が判断できるため、ストキャスティクスは市場の過熱度合を見極めるのに役立ちます。

成長株をオニールの法則で絞り込み、1年間を通して最適な「買いタイミング」をストキャスティクスで見極めることができれば、初心者でも1年で2倍株、数年で10倍株を掘り出すことも難しくありません。

非常にシンプルな手法ですが、効果は絶大です。

ストキャスティクスとは何か

ストキャスティクスのポイント

- ☑ 「買われ過ぎ」「売られ過ぎ」を判断するツール
- ☑ 25以下は売られ過ぎ、75以上は買われ過ぎ
- ☑ 相場は基本的に買われ過ぎたら下落し、売られ過ぎたら上昇する

買い時の見極め方……

ストキャスティクスが25以下のタイミングで購入するだけ!

覚えておきたい仕組み ストキャスティクスの「%K」とは

株価を3つの視点から分析

テクニカル分析は、売買タイミングを見極めるためのものです。

しかし、そのテクニカル分析が、どのように株価を分析して、タイミングを見極めているかを知らずに使うと、火傷することがあります。なぜなら、どのテクニカル分析にも、強みと弱みがあるからです。

チャートには、株価の動きが過去から現在まで、時系列順に並んでいます。時系列に並んでいるローソク足の中で、「現在の株価」は常に最も右側に存在します。

ストキャスティクスでは、3つの株価から、現在の買われ過ぎと売られ過ぎの状況を分析していきます。

まず1つ目は「①現在の株価」。そして、「②ある一定期間の最安値」と「③ある一定期間の最高値」という3つです。

「ある一定期間」は、9日間や14日間など、証券会社によって初期設定は異なります。

成長投資枠でゆったり年単位の利益を最大化するための推奨として本書では、「20週間」をおすすめします。みなさんも「週足で20期間」のストキャスティクスを活用してみてください。

25のライン以下を狙い撃ち

これから専門用語や数式の話をします。

初心者の方は「オニール式の成長期待銘柄で銘柄をある程度絞り込み、ストキャスティクスが週足20の設定で、25のライン以下になったら売られ過ぎと判断し、その後の上昇期待で買うことを検討する」と覚えておいてください。

「①現在の株価」「②ある一定期間の最安値」「③ある一定期間の最高値」という3つの株価情報から、ストキャスティクスを構成する「3本のライン」がつくられます（次ページ図版参照）。

今回は成長投資枠の利用を意識して、週足20の設定で話を進めていきます。

まず、3本の線の大黒柱を「%K」と呼びます。

%Kは、現在の株価が直近の20週間で「どの水準の位置か」を表してくれるラインです。

図版を見ると、この20週間は点線と青線に囲まれているゾーンで上がったり下がったりしているのがわかります。

「%K」とは、その20週間のゾーンの中で「下から何%のところにあるのか」を示すラインとなります。

さらに、補足ですが、安定した上昇トレンドでは、図版（補足①）のように「%K」は限りなく100に近づくということになるので、そちらも覚えておきましょう。

75以上が買われ過ぎということで、下落の暗示にもなります。上昇トレンドが継続する

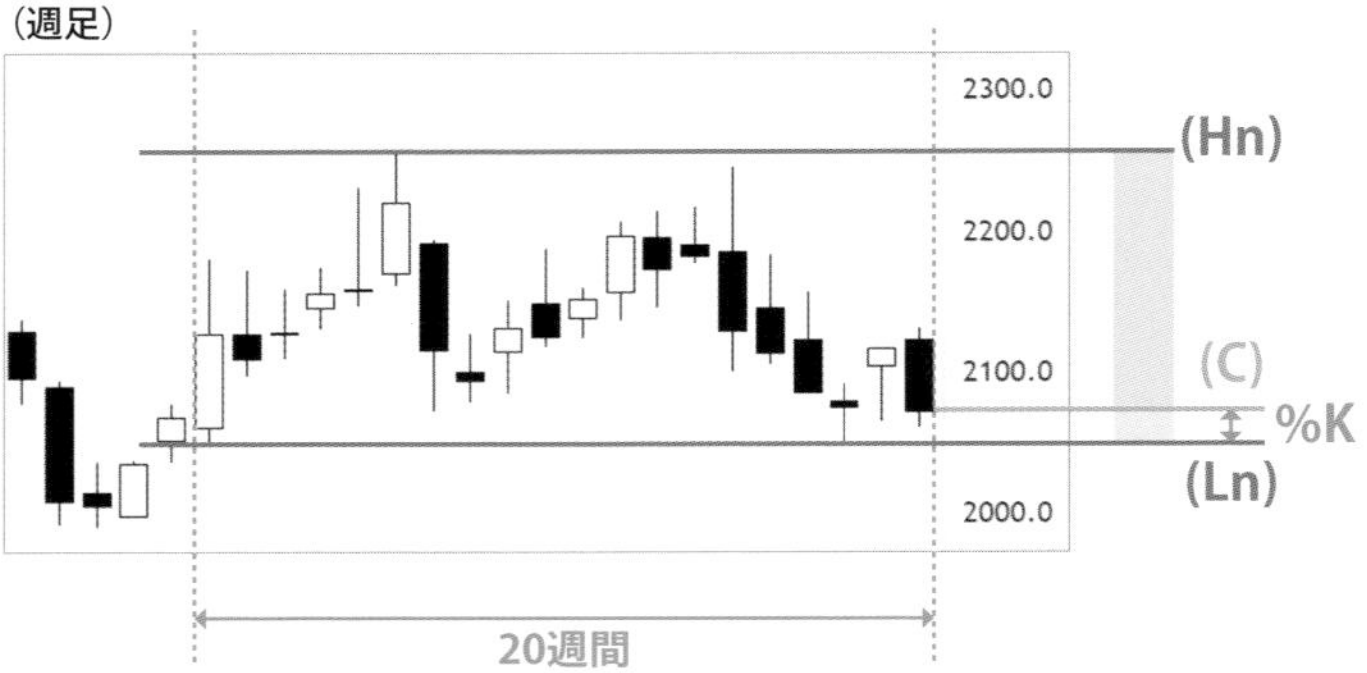

%Kの公式

$$\%K = \frac{C - Ln}{Hn - Ln} \times 100(\%)$$

※ C　：当日終値（直近の値段）
※ Hn ：当日を含めた過去n日間の最高値　例では20週間の最高値
※ Ln ：当日を含めた過去n日間の最安値　例では20週間の最安値

補足①

安定した上昇トレンド
※%Kは100（限りなく100に近づく）

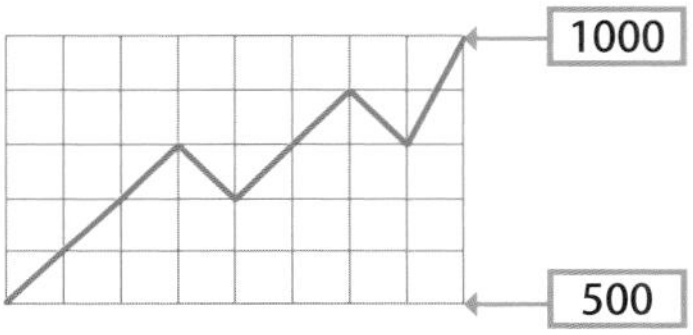

%K＝(1000－500)÷(1000－500)×100＝100

場合には、100付近で推移する特性もあります。

20週間における高値と安値をチェックしながら、数か月単位の上昇を狙うのも1つの手です。目標利益を手に入れた場合には決済しても良いと思います。

「%K」のイメージが体感できる簡単なテストを、次のページに3つ用意しました。感覚をつかむためにもやってみてください。

例題 1

ある期間の高値が300円、安値が200円、
現在の価格が240円の時の%Kを求めよ。

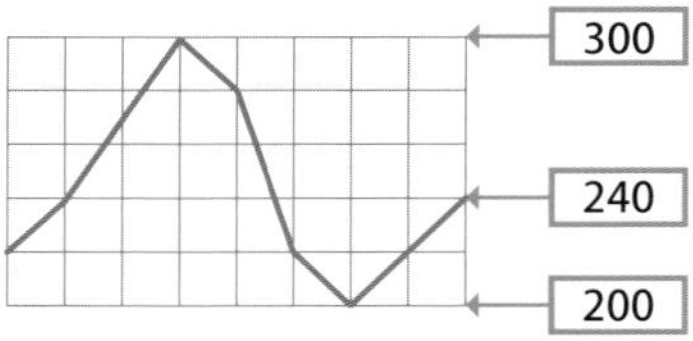

%K＝(240－200)÷(300－200)×100＝40

例題 2

ある期間の高値が180円、安値が100円、
現在の価格が160円の時の%Kを求めよ。

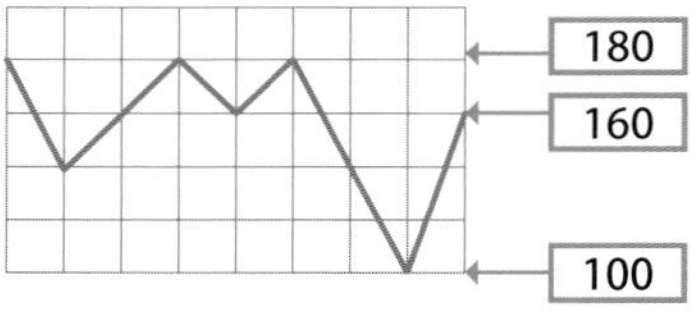

%K＝(160－100)÷(180－100)×100＝75

例題 3

ある期間の高値が200円、安値が120円、
現在の価格が160円の時の%Kを求めよ。

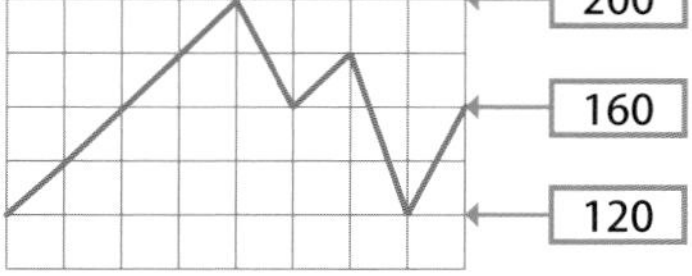

%K＝(160－120)÷(200－120)×100＝50

第6章 4

「%K」を平均化した2つ目のライン「%D」とは

「%K」の直近の値を平均化した「%D」

ストキャスティクスは、「%K」と「%D」という2つの線で表示されています。

前節の例では「%K」は20週間の間で、現在の株価がどの水準にあるのかということを示したラインだと説明させていただきました。

「%D」は、18週、19週、20週という「直近3週間(日足の場合は3日間)」で平均化して、「より大きな傾向を見る」ために用います。

現在の株価はいくらで、上がるか下がるかということは、最重要項目ではありますが、株価の動きを見る上で、多くのプロ投資家は「傾向」というものを大切にしています。

株価というものは、毎日のように上げ下げしています。

投資をしていると、証券口座の管理画面に表示される「含み益や含み損」の増減が気になってしまって仕方がないという方も多いです。

しかし、株価の上下による含み益や含み損の毎日の変動によって、一喜一憂していては精神的に疲れてしまいます。その点で「傾向」

を把握することは大切です。

次の節では、「%K」と「%D」からわかる、成長投資枠に適した「買い時」について解説をします。

なお、証券会社のツールによっては、さらにもう1つ、より長期目線で傾向を見た「Slow%D」というものもあります。

しかし、一般の方が成長投資枠を活用して、数か月から数年単位の成長株を割安のタイミングで買うという点においては、「%K」と「%D」だけで十分だと思うので、省略します。

ストキャスティクス

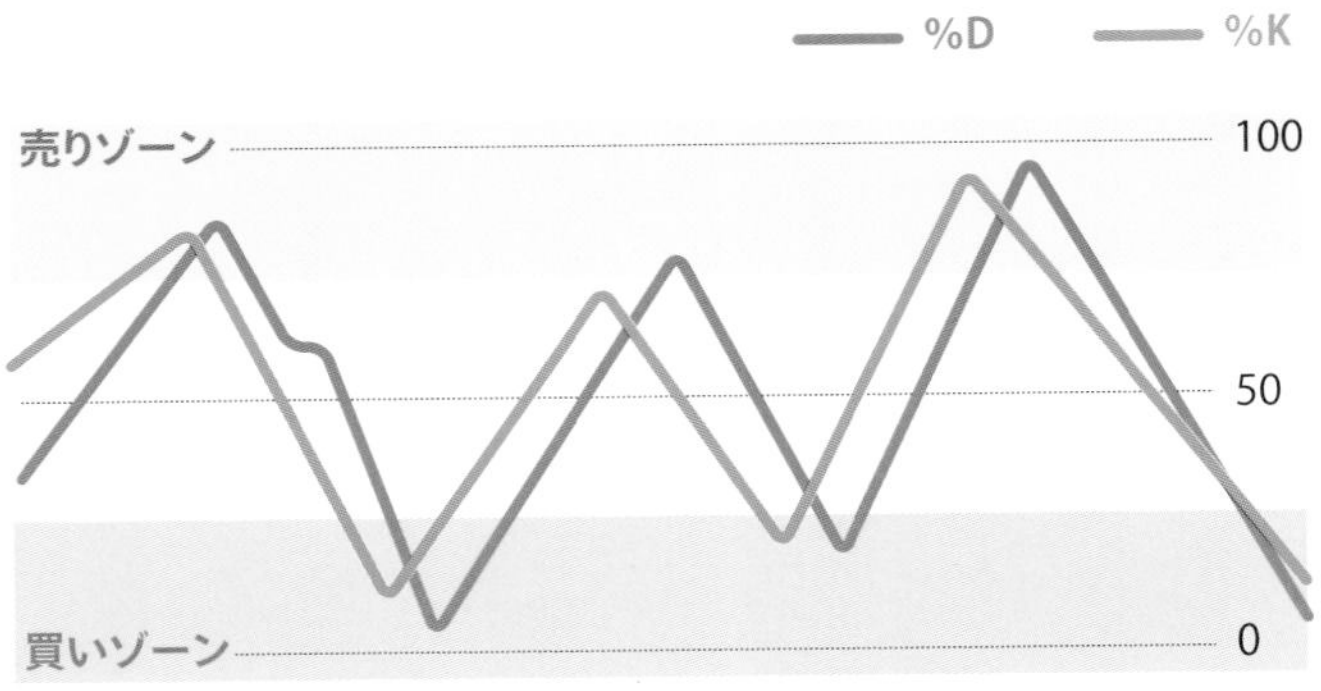

ストキャスティクスの作成方法（計算式）

$$\%K = \frac{C - Ln}{Hn - Ln} \times 100(\%)$$

$$\%D = \frac{\text{直近3日間の}(C - Ln)\text{の合計}}{\text{直近3日間の}(Hn - Ln)\text{の合計}} \times 100(\%)$$

$$Slow\%D = \frac{\text{直近3日間の}\%D\text{の合計}}{3}$$

C ： 直近の終値
Ln ： 過去n日間の最安値
Hn ： 過去n日間の最高値

第6章 5

成長投資枠を狙う ストキャスティクスの買いサイン

ストキャスティクスを使った買いサイン

ストキャスティクスの基本的な使い方ですが、成長期待銘柄という前提に立ち、次のような手順で取引することをおすすめします。

①週足でチャートを表示する
②ストキャスティクスを表示する
③「%K」が25以下である
④「%D」も25以下である
⑤株価も一時的に下がっていることを確認
⑥「%K」が「%D」を上抜けた時に注文

もちろん、どんな投資手法であっても利益が保証できるものはありません。

安定成長銘柄にも「必ず一時的な下げ」というものがあり、「その後上昇し、再度高値を超えていく」という特性があります。

そのため、「ストキャスティクスなど、割安さがわかるテクニカル指標を使って一時的に売られ過ぎて割安だということを見抜いて、利益期待銘柄として注文をしていく」という投資スタイルで取引することで、「銘柄を高値掴みして損をする」というリスクを最低限に減らすことができます。

アサヒグループホールディングスの例

決済のタイミングについては、新NISAの場合は、年内で決済した分は翌年投資枠が復活する特性があります。

十分だと思える利益が確保できれば、自己判断で決済しても良いと思います。

例えば、次のページの図版のような「アサヒグループホールディングス（2502）」であれば、2023年1月1週目にさっそく売られ過ぎの状態から「%K」が「%D」を上抜けたので、買うとします。

この時の株価は約4000円です。500株買うと、約200万円で投資ができることができます。

その後、株価はするすると上昇し、ストキャスティクスも100付近を推移しています。

そして、2023年9月11日の週に、約6000円の株価となりました。500株保有していると、約300万円となります。

決済すると、約100万円の利益になり、本来払うべき約20万円の税金が新NISAのおかげで非課税になります。年利50%を手に入れることになり、年単位の投資としては大成功になるわけです。

しかし、もちろん「自分が目標として十分」と思われる利益が出たら、自由に決済をしてもよいと思います。

アサヒグループホールディングスの例

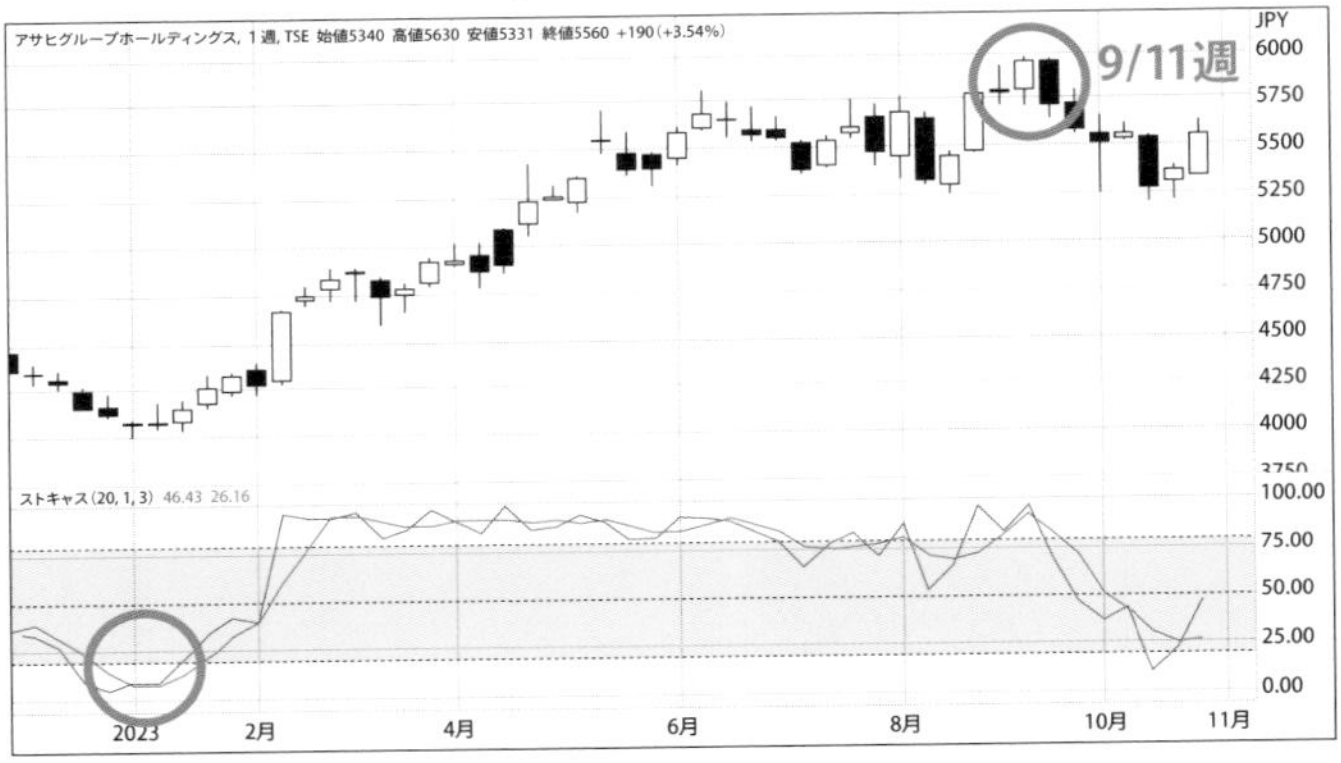

ストキャスティクスの「勝ちステップ」

まねするだけ！ ストキャスティクス「勝ちステップ」

- ☑ **Step1** 週足でチャートを表示
- ☑ **Step2** ストキャスティクスを表示
- ☑ **Step3** 「%K」「%D」が25以下になる
- ☑ **Step4** 株価が一時的に下がっていることを確認
- ☑ **Step5** 「%K」が「%D」を上抜けた時に注文

第6章 6 決済タイミングで使える移動平均線の基本知識

移動平均線とローソク足

世界で最も認知度が高いテクニカル指標に「移動平均線」というものがあります。

ローソク足には「始値・高値・安値・終値」という4つの情報が含まれています。

その「終値だけ」に注目し、5日間の終値の価格の平均値を出したり、20日間の終値の価格の平均値を出したり、40日間の終値の平均値を出したりして、それぞれの平均値の価格をラインで結ぶことで、移動平均線はできあがります。「MA(Moving Average)」とも呼ばれ、多くの証券会社のツールで表示することができます。

また、株価は過去の価格よりも直近の価格の方が重要度が高いので、ただの平均ではなくて「直近の終値の方に比重を高くした移動平均線」というものがあり、それを指数平滑移動平均線(EMA)と呼びます。

難解な用語ですが、用語自体は覚えなくても大丈夫です。これも、多くの証券会社のツールで表示することができます。

移動平均線を複数本表示することで短期・中期・長期の値動きを視認

そして、移動平均線は「複数本を表示する」ことができます。

複数本表示する時に、例えば、移動平均線の設定を「5日、20日、40日」とすることで「短期・中期・長期」とズラすことができます。

なお、5日は5営業日で1週間、20日は20営業日で1か月、40日は40営業日で2か月を想定した、価格の動きの傾向を見る設定となります。

MAを複数本表示することには、1本だけを表示するよりも、「トレンドの強さや判断の迷いを減らす」メリットがあります。

ゴールデンクロスとデッドクロス

短期の移動平均線が長期の移動平均線を上から下に抜ける状態をゴールデンクロスといいます。ゴールデンクロスの発生は、下降トレンドが上昇トレンドに転換する「買いのサイン」であることを表しています。

一方、短期の移動平均線が長期の移動平均線を下から上に抜ける状態をデッドクロスといい、一般的に上昇トレンドが下降トレンドに転換する「売りのサイン」であるとされています。

このように複数の線を使うことで、現在の相場の状況を知ることができます。

移動平均線の活用方法

ゴールデンクロス

日足で短期移動平均線が長期移動平均線を下から上へ交差することを、ゴールデンクロスといいます。これは一般的に、相場が上昇する「買いのサイン」であるとされています。

デッドクロス

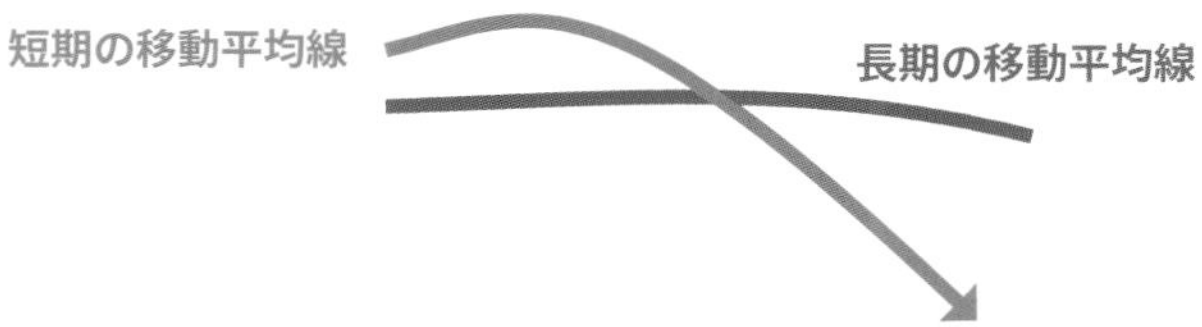

日足で短期移動平均線が長期移動平均線を上から下へ交差することを、デッドクロスといいます。ゴールデンクロスとは逆に、相場が下落する「売りのサイン」であるとされています。

保有すべき時と決済すべき時がわかる移動平均線パーフェクトオーダー

パーフェクトオーダーの間は多少の下落が起きても保持する

上昇トレンドの時、MA（またはEMA）は、上から順に「短期・中期・長期」という並び順になり、3本の線が右肩上がりの状態になります。このような状態を「パーフェクトオーダー」と呼びます。

上昇トレンドの間は、多少下落してもその後すぐに持ち直して上昇トレンドが続いていく可能性があります。それにもかかわらず、一時的な下落によって慌てて決済してしまうというのは、投資初心者のよくある失敗の1つです。

一時的な下落をしたとしても、保有すべきか、決済を検討するべきかの判断基準の1つとして、「パーフェクトオーダーの最中は、一時的に下落しても、気にせず保有する」というスタンスを取ることがあります。

パーフェクトオーダーの注意点

注意点もあります。

パーフェクトオーダーは「トレンドの発生」時点で3本のMA（EMA）が右肩上がりの状

パーフェクトオーダーの見極め方

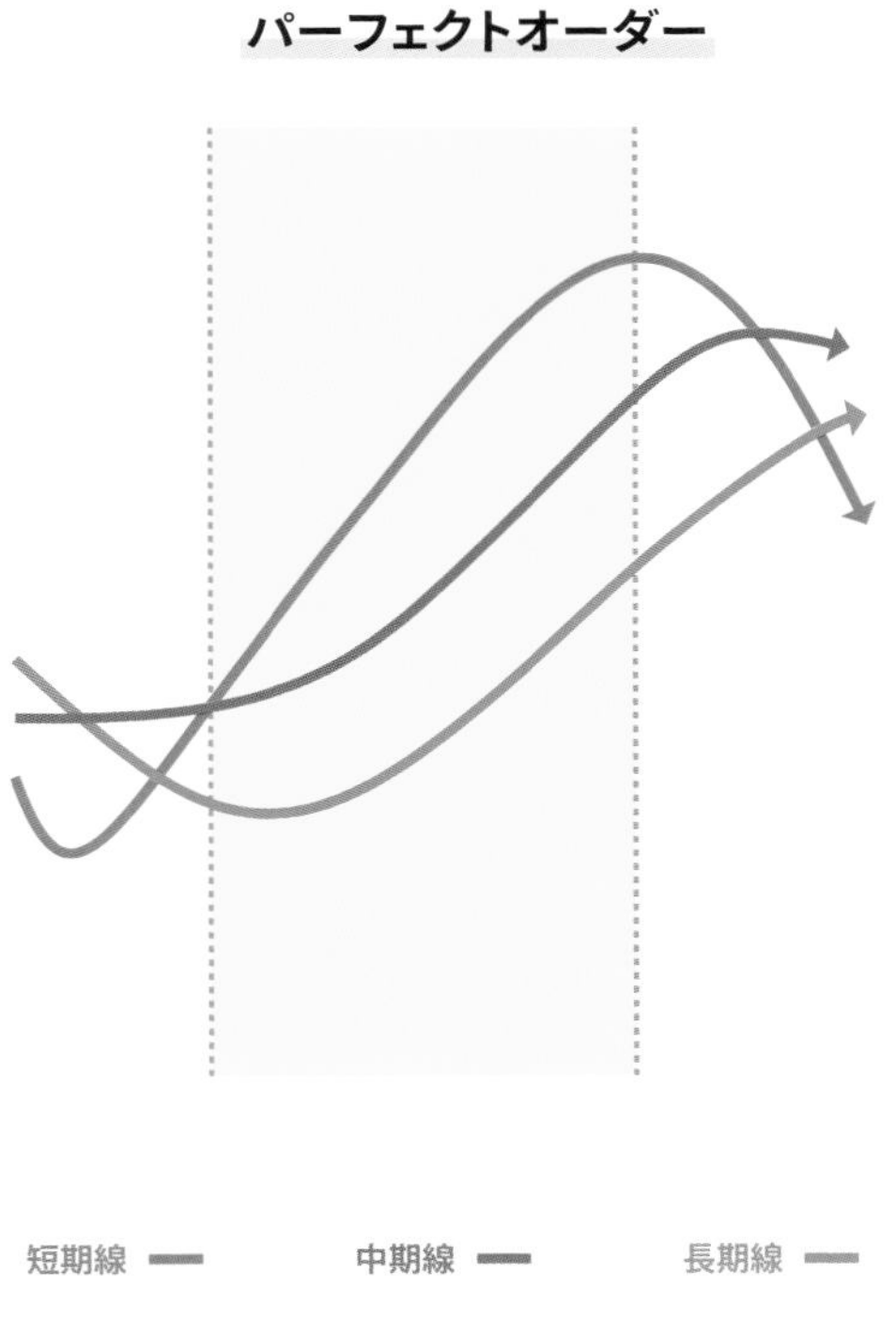

移動平均線の短期線、中期線、長期線の3本の線が、右肩上がりの上昇トレンドである状態を「パーフェクトオーダー」と言います。トレンドがもっとも強い状態を表しており、一般的には「買いのサイン」を表していますが、上昇トレンドは最後に急落を伴う可能性があります。

態で、かつ上から順に「短期」「中期」「長期」の順番に並ぶのですが、過去に長く上昇してきた銘柄であっても、この条件となることがあります。

しかしこれは、「割安で今後1年かけて成長するかどうか」を保証するものではないことに注意すべきです。

また、上昇トレンドは最後には急落を伴う可能性があります。年単位の十分な利益を確保したら決済することを検討するということがもう1つの注意です。

さらに、株価が横ばいになっている時は、3本の移動平均線の順番は短期間で入れ替わり、ローソク足は3本の移動平均線の上下に移り変わるように変動していきます。

この時にパーフェクトオーダーの状態になると、含み益と損失を繰り返すことになるので、注意してください。

利益が膨らんだら思い切って利確すべし

年単位の利益を狙う時には、例えば次のような手順をおすすめします。

①オニール流の銘柄選定法で過去1~2年で成長の余地がある銘柄を選ぶ

②ストキャスティクスなどで割安かを確認

③注文した銘柄がパーフェクトオーダーになった場合には、短期のラインと中期のラインが入れ替わるタイミングなどで、

決済を検討する

このような手順で、商品購入〜利益確定まで行うのが、初心者には精神衛生的にもよいと思います。

また、新NISAの成長投資枠の場合には、満足いく利益（保有数にも寄りますが、年利30〜100%など）が年単位で確保できたと思ったら思い切って決済して、翌年のトレンドに備えた新しい銘柄に切り替えるのも1つの選択肢だと思います。

「成長投資枠」勝利の3STEP
Step1　オニール流手法で銘柄選定
Step2　ストキャスティクスで買い時を見極め
Step3　パーフェクトオーダー後、短期ライン＆中期ラインが交差するタイミングで決済

BAR
…そんな感じで、
将来とか
不安で不安で…
そっか～
手始めに、
NISAとか
始めてみたら？
え？
先輩やってるん
ですか？
まあねぇ！
なんか
意外…
失礼な！
俺、全然
そういうの
疎くて…
なんか
失敗したら
怖いじゃないっすか

それなら私が教えてあげよう！
え！ほんとですか!?お願いします！
にっ
まず新しいＮＩＳＡの制度は――

終わりに

何のために投資をするのか

あなたは、投資をする上で「目標」はありますか？　資産を増やせるだけ増やせればよい、稼げるだけ稼げればよいという人もいるかもしれませんが、１０００万円をつくりたい、２０００万円をつくりたい、などの目標を掲げている人もいると思います。月50万円、月１００万円の月収が欲しい、定年退職後なども、月20万円くらい、年金以外の収入を得ることを目標としたいなど、収入面において目標を掲げている人も多いと思います。

人の数だけ目標があると思いますが、１つ考えてみていただきたいのが「何のためにその目標が必要なのか」という目的の部分です。

２０００万円の資産が欲しい場合も、月20万円の収入を新たにつくりたい場合も、何のためにそれが欲しいのかということを、時に、考えてみることはとても大切なことです。

というのも、目的がなく、ただ闇雲に「収入や資産を増やしたい」という目標は、例えば、ただ目の前に深い穴を掘っているだけのように、人生において、あまり意味を為さないことが多いからです。

なぜ自分は2000万円の資産が欲しいのかと言うと、さまざまな目的があると思います。

例えば、「将来はお金の心配から解放され、安心した気持ちで毎日を過ごしたいから」「十分なお金を手に入れた後には、家族や大切な人たちとの愛やつながりに満ちた生活を送りたいから」「十分なお金を手に入れ、わくわくと刺激的な毎日を送りたいから」「まとまった資産を形成することで、自分自身の成功を実感したいから」など、その目的の背景にある動機というものは必ず存在するので、なぜ自分は投資によって叶えたい目標があるのかということを、振り返ることも大切です。

投資の世界の怖いところは、自分ではコントロールできないことのせいで、損をすることがあるということです。そのせいで、自分の人生プランが簡単に崩れてしまうこともあります。

仮に、現在40代の方が、定年退職までの間の約20年間の長期の積立投資をした場合に、運悪く、自分が退職する前の年に大暴落が起こってしまった場合には、退職後のファイナンシャルプランも同時に崩れてしまう可能性があります。

本当であれば、定年退職したらまとまった資金ができて、年金がもらえて、そのあとは「家族や大切な人たちとの幸せな老後生活」を歩むはずだったとしても、それが世界を取り巻く環境の変化で、実現しないこともあります。

新ＮＩＳＡはとても魅力的な制度ではありますが、その本質は「何から何まで自分で決めることのできる人が投資をする場合に大きな恩恵が得られる」ことだと、私は考えています。どこの証券会社でやるのか、何の銘柄を買うのか、いつまで保有するのか、どうなったら決済をした方が良いのか、ということまで、最終的に自分で決められなければなりません。

ネットの情報を見ていると、「何の銘柄を買えばいいのか」ということばかりに注目が集まっていますが、本当に大切なことはそこではなく「いつ売るのか」だと思います。さらに勝利の鍵は「情報量の勝負」ではなく「自分との勝負」でもあります。

なぜなら、どんな銘柄であっても時代とともに「必ず上がり下がりするもの」だし、決済のタイミングを間違えれば、損をしてしまうからです。新ＮＩＳＡは「利益が生まれた時に限って恩恵が得られる」ものでありながら、そもそもの投資は、１００人が１００人利益が得られるものではない事実もあります。

では、投資をしない方が良いのかと言えば、やはり、投資はした方が良いと思います。なぜなら、この日本で多くの人が願う「ゆとりある幸せな人生」には働いて稼ぐ「だけ」では到達しにくい現実があるからです。

私たちが運営する「投資の学校」には、定年退職間近の年代の方が沢山相談に訪れます。長期で投資をする「時間がない」という方で、年単位の収入をどうにか投資で実現できないかと考える人たちが多いです。投資資金もまちまちで、決してお金に余裕がある人ばかりという訳でもありません。入門者や学び直しの方が多いです。

投資については、「より早い」方が有利にはなりますが、学び始めに、「遅い」ということはありません。いつ売ればいいのか、いざという時に負けない投資をするにはどうしたらいいのか、そして、その判断をするには、何を学べばよいのかということを考え、是非、本書をお読みになった方は、次のステージに挑戦していただきたいと思っています。

日本に正しいファイナンシャルインテリジェンスを持つ人が増え、投資がギャンブルなどではなく、品格ある希望の収入源として、1人ひとりが実践し、笑顔に溢れる世の中になることを願っています。

最後までお読みいただき、ありがとうございました。

高橋 慶行

高橋 慶行（たかはし・よしゆき）
投資家。トレーダー。実業家。宮城県仙台市出身。教師一家の長男として生まれ、幼少時代から教育に関わる仕事で世の中に貢献したいと思うようになる。成蹊大学経済学部卒業後、26歳で独立起業し、複数の会社を経営。投資での失敗を機に2013年に「投資の学校」を創業。「投資をする一般の人たちの立場に立って、世界基準の本物の投資教育を正しく学べる場所」を提供し、これまでに延べ15万人が受講。『12万人が学んだ 投資1年目の教科書』（かんき出版）は、8刷25,000部・韓国語翻訳出版。東洋経済オンライン・週刊女性・幻冬舎ゴールドオンラインなどメディア執筆実績多数。

●公式LINE
https://lin.ee/QOPQsXJ
●Instagram
https://www.instagram.com/golden_takahashi/
●TikTok
https://www.tiktok.com/@toushi_ojisan

【新《しん》NISA完全対応《かんぜんたいおう》】9割《わり》ほったらかし「超《ちょう》」積立投資《つみたてとうし》
定額《ていがく》インデックスと年《ねん》1回《かい》トレードで年間利益《ねんかんりえき》200万円《まんえん》を稼《かせ》ぐ！

2024年1月31日　初版発行

著者／高橋《たかはし》　慶行《よしゆき》

発行者／山下　直久

発行／株式会社KADOKAWA
〒102-8177　東京都千代田区富士見2-13-3
電話　0570-002-301（ナビダイヤル）

印刷所／TOPPAN株式会社

製本所／TOPPAN株式会社

●お問い合わせ
https://www.kadokawa.co.jp/（「お問い合わせ」へお進みください）
※内容によっては、お答えできない場合があります。
※サポートは日本国内のみとさせていただきます。
※Japanese text only

定価はカバーに表示してあります。

ISBN 978-4-04-606741-8　C0033